지붕 위의 풍경

문예운동사

저자의 말

『지붕 위의 풍경』을 내며

　수필가로 등단한다는 생각으로 튀어나올 듯이 쿵쿵대던 심장은 차츰 진정되었고, 등단식이 끝난 후 앞으로 일들이 걱정으로 밀려오며 잘할 수 있을지 무거운 마음이었다. 그러면서도 조심스레 첫 번째 수필집『마르지 않는 물감』을 냈던 일들 엊그제 일이었던 것 같으나 삼 년이란 날들이 지나갔다. 무식하면 용감하다는 말을 떠올리면 정말 어울리는 말이라는 것에 스스로 감복했는데 여전히 모자람과 부끄러움에 움츠려진다.

　청하 선생님의 문학에 대한 설명들이 내 영혼에 파도처럼 와서 부서졌고 오랜 날의 나의 열병, 멍에가 사라지는 듯 그리도 번민하던 이유를 알게 된 듯 새로운 기운이 차오르며 어떤 소리보다 조용하지만 크게 들리는 마음의 글을 써보고 싶어 한 것은, 분수를 모르면서 꿈을 꾸었던 것이라는 것을 알았다.

　그러다 뜻하지 않게 선생님께서 떠나신 후에는 글을 쓸수록 어려움에 봉착한다. 지식의 부재와 무능한 재능의 한계로 지저깨비처럼 쌓이는 졸작에 잠을 설치며 안간힘을 쓰곤 한다. 용기는 어디론가 떠나버리고 숨어들며 원고를 들고 일 년을 지나며 망설였다. 채워지는 안락함의 행복보다 두려워지는 고통의 가지에 너무나 많은 잎을 달고 바람에 서 있는 나무 같은 나를 보며 처음의 용기는 플라시보 현상과 같았다고 생각되었다. 나 자신을 잠시 잊었던 것이라는 점을 또 한 번 깨달았다.

그러나 여러 선생님과 선배님들 그리고 문우들의 지지로 큰 부끄러움을 안은 채 또 한 번 소소한 넋두리인 그동안 발표한 글들과 가지고 있던 글들로 두 번째 책을 묶는다. 모자라는 저에게 끝없이 용기를 주시는 김광자 선생님, 김귀희 선생님, 조명제 선생님, 양혜경 선생님, 그리고 선배님들과 문우들께 깊은 감사를 드립니다.

2024.09

● 발문

놀라운 통찰과 심원한 사유의 수필 세계

조 명 제(시인·문학평론가)

　수필가 한남숙 씨가 『마르지 않는 물감』(2020, 문예운동사)에 이어, 두 번째 수필집 『지붕 위의 풍경』을 낸다. 첫 수필집의 감동이 이번 수필집의 기대치를 높이고 있을 만큼 그의 수필은 내면 구조의 특질로 만만찮은 흡입력을 가지고 있다. 그는 최근 시인으로도 등단하여 문필의 운명적 선택이 우연한 일이 아님을 입증해 주었다. 뒤늦게 수필가로 이름을 올리긴 하였지만, 그의 文才문재는 일찍이 신한은행에서 개최한 제1회 전국수필대회에서 장원으로 입상한 이력이 말해 준다. 그러나, 그는 오랫동안 그 문학적 재능을 실감하지 못하고 무심히 흘려보낸 세월이 실었다.
　한남숙 수필가의 부친은 함경남도 咸州함주 출신으로 6.25전쟁의 와중에 부인과 자녀를 데리고 越南월남하여 종군하였고, 부산 영도구에 정착하여 망향의 시간 속에서 열정적으로 시를 쓰며 부산문단의 발전을 위해 헌신한 한찬식(韓讚植: 1921~1977) 시인이다. 이형기 정영태 송영택 추영수 조영서 시인, 박철석 평론가 등과 더불어 창작활동을 하며 50년대 중반부터 부산 문학 지형도의 완성에 기여한 문학인이었다. 주로 서울에서 활동한 성기조(2023년 10월 타계) 시인과도 交遊교유하게 된 인연이 있었던 차에, 계간 문학지를 발행하고 있던 성기조 시인은, 뒤늦게 문학에 뜻을 두고 찾아온 한찬식 시인의 장녀 한남숙 씨를 반겼고, 門下문하에 적을 두게 하여 지도를 하였다. 이렇게 청하문학아카데미에서 본격적인 문학수업을 하게 된 한남숙 씨는 일취월장하여 수필가로 데뷔하였던 것이다.

 이번 두 번째 수필집의 자서와 첫 머리의 작품에서 한남숙 수필가는 성기조 시인과의 만남과 문학수업의 과정을 유심히 말하고 있다. 특히 작년 봄 어느 날 쓰러져 병원 생활을 하게 된 원로 성기조 시인의 건강 회복을 위해 기도한 나날과, 결국 6개월 만인 시월에 성기조 시인이 돌아가시자 애통한 마음을 가누지 못한 정황을 수필로 담아 낸 것이다. 비교적 아버지를 일찍 여읜 그에게는 아마도 문학적 어버이를 잃은 슬픔이 유달리 컸을 것이다.

 나는 한 번도 글쓰기를 정식으로 배우려 하지 않았다. 서재의 아버지 주변을 서성이면서 제대로 이해하지 못하였지만, 장서의 목록들을 눈에 익히고 어쩌다 하나씩 읽어 보기도 하고 그랬던 것과, 문인들의 대화와 생활을 좀 엿볼 기회가 있었던 것이 다였다. 그러나 중요한 건 내가 문학을 좋아했다는 것이다. 부산의 故고 박철석 시인도 글을 쓰라고 권하였고, 또는 쓰고 있는 줄 알고 계시는 분들도 있었지만 나는 글을 쓸 수가 없었다. 그러던 차, 청하 선생님과 만남은 밤하늘의 유성을 본 듯이 내 인생 마지막 전환점에 불을 지핀 것이다.(「거목의 가지에서」 중)

 생의 전환점이 된 문학과의 만남은 성기조 시인과의 인연 덕이라는 작가의 소회가 작품을 통해 세심하게 전해진다. 그의 문학이 점화되고, 거듭된 수련으로 폭발하여 첫 수필집 『마르지 않는 물감』을 내기에 이르렀을 때, 그의 감격은 이루 말로 다하기 어려웠을 터이다. 그 같은 문학적 師弟사제의 관계에서 성기조 시인의 몸져누움과 타계의 정황들이 한남숙 작가에게는 큰 슬픔으로 밀물쳤을 것이 분명하다. 그는 이제 그 슬픔을 글로 쓰고, 그 슬픔을 딛고 다시 쓴 글들을 모아 두 번째 수필집을 내게 된 것이다.

  한남숙 작가의 수필은 魔力마력 같은 특이성이 내장되어 있다.「달 속에 담은 그리움」,「주먹으로 달을 그리며」같은 작품에서 詩情시정 넘치는 문장과 서정의 미학이 힘을 발휘함을 본다. 그러나, 그의 대부분의 작품들은 표현의 대상을 향한 집요한 추적과 심도 있는 상황적 담화들, 그리고 다각도의 일화들로 독자를 끌어들인다.「날아가는 새」나「은행나무」,「노부부」,「지붕 위의 풍경」등만 읽어 보아도 그 같은 작가의 예리한 관찰과 기억력, 깊은 사색과 저력 있는 문장 구사의 특성을 동시에 확인할 수 있다. 이는 철학적 사유와 상황적 스토리들의 접속 능력의 결과라고 할 수 있다.

  은행나무 암수로 나뉜 아래윗집의 두 大家대가, 노란 은행을 수확하는 날, 윗집의 노인이 은행이 필요하여 조금 얻을 요량으로 아랫집을 찾아 갔으나 민망하게 거절당한 뒤, 시간을 두고 기다려도 사과조차 하지 않자 체념한 듯, 봄 꽃 피기 전에 인부를 불러 은행나무 밑동을 잘라 버렸고, 아랫집은 그 후로 은행이 열리지 않았다는 정황을 좇아 풀어 간「은행나무」는 한남숙 수필가의 사려 깊고 폭넓은 의식과 동시에 포괄적 수필 문법이 유감없이 발현된 작품이다.

  열어 놓은 창문으로 날아들었다가 창문에 부딪치기만 할 뿐 되돌아 나가지 못하는 작은 새 한 마리의 동태를 모티브로 쓴「날아가는 새」의 경우, 새와 관련된 지난날의 추억과 일화 등을 결 곱게 엮어 보여준 뒤, 마무리 단계에서는 주제적 의미의 깊이를 이렇게 다독여 낸다.

  새소리가 듣기 좋고 자유로이 나는 새들을 바라보며 새처럼 자유로이 날고 싶은 젊은 날의 욕망은 언제인지 모르게 꾸어 본 적이 없는 꿈처럼 잊었다. 철없던 시절 무리지어 다니며 벼메뚜기 콩메뚜기 잡고 참새도 잡고 깔깔대던 일이 철드니 살생이라는 무거운 낱말을 두려워하게 되었지만, 그 시절 친구들과 들판을 뛰놀던 나의 영혼은 행복한 날들이었다. 이 나무 저 나무 옮겨 앉으며 지저귀는 새, 마음대로 날 수 있는 쪽빛 하늘이 넓은 것에 나는 새삼스레 안도한다.

　수필은 가장 자유롭고 편하게 쓸 수 있는 문학 장르로 설명되곤 한다. 안이한 입장에서라면 틀리지 않은 말이다. 그와 관련하여 우리의 경우, 과거부터 수필문학하면 늘 논란이 되어 온 것이 '신변잡기'의 문제였다. 그러니까 가급적 신변잡기적인 수필을 쓰지 않도록 하라는 것이었다. 수필 인구가 급속히 늘어나면서 그런 충고는 더욱 힘을 받았다. 수필의 다양한 성격이나 갈래를 생각할 때, 제재에 따라서는 이른바 신변잡기적인 방식으로 글을 쓰지 않을 수 없다. 그럴 때, 어떻게 하면 단순한 잡기에 머무르지 않고 깊은 공감대를 형성할 수 있는 작품으로 변환하여 쓸 수 있을 것인가. 그런 관심의 한 답변이 되어 줄 것이 한남숙 작가의 수필적 경향과 그 방법이 아닐까 싶은 것이다. 그는 사소한 것, 추억의 어떤 단편적인 것 등에도 놀라운 통찰과 심원한 사유, 다각도의 철학적 접근을 통해 소박한 수필의 境界경계를 넘고 있다.
　한남숙 수필가의 제2 수필집 출간을 축하하며, 그의 자력적磁力的인 수필세계가 발전을 거듭하여, 복잡하고 고단한 이 시대에 심원한 정신의 숲으로 작용하기를 기대한다.

● 목차

저자의 말 / ·3
발문 / ·5

제1부 은행나무

빗속의 잎새 · 17
지붕 위의 풍경 · 20
다시 보이는 누렁이 · 24
은행나무 · 26
외딴 병실 · 30
낙엽이 뒹구는 계절 · 34
고추 방앗간 · 38
개나리 · 42
백 달러의 의미 · 45

제2부 나의 기억

팔십으로 가는 기로 • 51
기도 • 55
기억 속 바다 • 58
날아가는 새 • 61
날지 못한 비익조 • 65
내 마음 파도가 되어 • 68
달 속에 담은 그리움 • 71
복날 • 73
어른을 울게 했던 기억 • 76
셋째 외숙부 이호왕 박사 • 79
슬픈 하루 • 83

제3부 청하선생님

거목의 가지에서 • 89
나의 登壇誌 • 93
잃어가는 시간 속에서 • 96
짧은 인연은 깊은 추억으로 • 99
푸른 솔의 아우라 1 • 101
푸른 솔의 아우라 2 • 105

제4부 아띠

금잔화 • 111
술을 마신다 • 115
시간의 노래 • 119
시련은 삶을 성숙시키며 • 123
언젠가 • 126
윤달과 수의 • 129
주먹으로 달을 그리며 • 132
친구 • 135
마음은 콩밭에서 • 138

제5부 인연

기일 • 143
노부부 • 147
뜻깊은 선물 • 151
모퉁이 가게 • 154
바람이 밀어대는 언덕 • 158
봉정암 하산 길 • 161
상원사 선재 길을 걸으며 • 165
옅어지는 팥 빛 사랑 • 169
수박 데이트 • 171
함께 사는 세상 • 175
작은 음악회 • 178

제1부

은행나무

빗속의 잎새

  부슬부슬 내리는 가랑비, 그 사이로 가을은 가고 있다. 나뭇잎들은 가을을 따라 떠나고 있다. 고운 단풍은 나의 마음속에 눌러있던 정을 불러내어 쓰리게 한다. 낯선 이들의 감탄의 목소리가 비의 리듬처럼 들려온다. 낙엽이 되는 슬픈 고통을 사람들은 아름답다는 찬사를 보내며 즐거워하고 있다. 그래서 더 울 수 없는 낙엽의 슬픔은 너울너울 춤추며 눈물을 비로 가리고 떠난다. 빨강 노랑이 뒤섞여 울긋불긋한 아름다움은 늦가을 산야에 날리며 거리에 내려앉는다. 발아래서 고통의 소리를 사각사각 내며 부서질 때, 사람들은 더 즐거워하는 듯 힐링이라는 말을 한다. 하지만 '코로나'까지 휘몰아친 두려움에 빗속의 낙엽은 많은 사연을 안고 가며 모든 것에 의미를 두지 않는 듯, 바람에 전해 들은 세상사에 지쳐 버린 것처럼 말이 없다. 윙윙거리며 다가올 겨울바람을 미리 보았는지 앞을 자리도 가리지 못하고 떨어지는 낙엽, 우리들의 주름진 세월 속에 기억도 하지 못하는, 타고 내리는 지하철 안의 말 없이 스쳐 가는 관심을 잃은 얼굴들 같아 보인다.

  비와 바람에, 사람들의 발길에 무력해진 낙엽을 보다 하늘을 본다. 하늘은 비에 가려 있고 한기를 느끼는 듯한 젖은 나무가 내 앞에 서 있다. 빗방울에 내려앉을 듯 매달려 있는 잎의 흔들림은 마치 손사래 같고 가늘게 들리는 빗소리는 아직은 아니라고 외쳐대는 잎사귀들의 절규 같다. 욕심이 남은 나의 마음인지 내 모습인지, 살며시 바람을 밀어 보낸다. 흔들리고 있다. 마지막 잎새가 손을 놓아도 바람은 불어대겠지, 잠들지 않는 바람에도 가냘픈 잎새들은 나무를 장식하며 꾸며주고 있다. 정녕 이것이 내 모습이고, 싶다. 나무의 작은 잎새의 의미가 생명인 것을 알고 있는지, 가을바람이 겨울을 지나서 봄이 될 때 작은 잎새의 발돋움이 없다면 큰 나무의 생명은 의미가 없다는 것을-, 만유인력으로 떨어진다고 하지만, 작은 잎새는 나무의 겨우살이를 위해 기꺼이 낙엽이 되어준다. 칡넝쿨 같은 인연의 삶도 상처와 위로 사이에 얽히고 풀리며 살아가듯, 자연은 그 잎에 떨켜를 선물하여 엽록소의 파괴로 단풍이란 정겨운 이름으로 위로하는 것 같다.

낙엽은 바람에 구르다 부서지며 마지막 재가 되어서까지 봄을 위한 거름이 된다. 이 모든 자연의 이치는 우주의 섭리인 것을 다시 느끼며, 햇살이 순간순간 비를 비켜 얼굴을 내민다. 가을을 보내지만, 돌아올 봄을 위해 한줄기 생명에 星辰(성진)을 보내고 있다. 따스한 봄, 태울 듯이 뜨거운 여름, 풍성하고 아름다운 가을, 살을 에는 추운 겨울, 어쩌면 희로애락의 인간사는 자연의 사계를 회전하고 있는 것 같다. 내 삶도 어느덧 가을을 보내고 겨울을 맞을 때가 되어간다. 나의 가을은 어떤 단풍으로 채색되어 있을까. 거울 속에 비칠까, 이 빗속에 있으면 보일까. 한 줌의 거름으로는 살았는지, 어쩌면 제대로 물들지 못한 채 겨울을 맞을 것 같다. 생명의 봄을 위해 나에게도 겨울이 도래하리라는 섭리를 생각하니 비에 젖은 잎새의 가을이나 그것을 바라보는 나의 가을이나 말 없는 모습은 별반 다르지 않은 듯 조금은 서글픈 아쉬움이 비비적거리며 가슴의 샛강으로 꿈틀댄다.

바람의 힘이나 빗물의 작은 무게도 이기지 못해 이리저리 흩어진 잎새가 무척 고단해 보이는 건 나도 조금은 지쳐있기에 낙엽이 동병상련처럼 내 마음에 맞춰 보이는 것 같다. 무심히 밟고 가는 발들을 보며, 나까지 밟으면 안 될 것 같은, 비에 젖은 곱게 채색된 단풍잎을 두 닢

주워 빗물을 닦아내고 가만히 보았다. 무어라 하나로 말을 할 수 없는 색상이다. 우리가 다 표현하지 못하는 자연의 많은 신비함에 태양신의 빛이 더해질 때 그 황홀함을 나는 짙고 얕은, 감탄의 소리로 아름다움을 표현한다. 비와 어우러진 태양의 시간, 사색의 발걸음에, 젖은 낙엽이 신에 붙는다. 아직은 어디에 무언가로 남고 싶은 것일까? 털어내지 않아도 떨어질 것을 생각하니 쓸쓸하지만, 사랑스러운 손녀의 손을 만지듯 고운 단풍잎을 손바닥 크기의 수첩 갈피에 넣고 도닥였다.

"할머니" 하는 손녀의 석류알 같은 소리가 귀에 쨍한다. 알면서도 주위를 돌아본다. 그 파릇한 음성이 나의 갈색을 값지고 흐뭇하게 한다. 내 인생 가을이 아니고서 어디서 그런 부름을 들을 수 있을까 솜털에 감싸인 듯 포근한 사랑, 아낌없이 줄 수 있는 계절, 단풍이 아름답듯 삶의 노을은 더 아름다운 거다. 갈피 속 낙엽은 나의 영혼을 평온하고 행복하게 하고 있다. 돌아보면 돌고 돈 사계절은 서로의 원동력이 되어 밀어주며 다음 계절을 끌어주어 이어져 오는 동안 상처 속에도 사랑과 행복으로 채워지고 있던 것이다. 그 지나간 많은 것들이 아프도록 그리워지기만 한다. 서서히 비워져 가며 늦가을 단풍이 되어가는 내게 차디찬 겨울바람만이 기다린다 해도 추워하지 않으리다. 다시 올 수 없는 푸르른 계절, 오래도록 이 사랑들과 머무르고 싶은 마음 어찌 없으랴만, 생의 끝은 順命순명 같은 것, 많은 생명에 파릇한 봄이 또 있으니, 할 일을 다 한 단풍은 회광반조의 아름다운 춤사위를 펼치며 실올 같은 가을비 속에 날리고 있다.

　가랑비 내리는 대공원에서

지붕 위의 풍경

　오 층의 넓은 베란다 즉, 사 층의 지붕이다. 소심하고 염세적인 성격 탓에 증축한 오 층이라 어느 날 잠자다 아래층으로 내려앉지나 않을지 두려워 물건의 무게에도 신경이 쓰일 때가 있다. 안전하다는 진단을 받고 증축했겠지만, 성격 탓에 불안감을 떨치지 못한다.
　그러면서 답답하거나 해가 지면 베란다로 나와 하늘의 별들과 달의 눈치를 보듯이 지나다니는 엷은 구름에 마음을 보낸다. 육 미터 도로의 사거리 코너, 전봇대의 전깃줄들이 복잡하게 이어져 있다. 이웃의 지붕들이 너무 잘 보이며 하늘에 닿을 듯이 높은 건물들 옆으로는 대로가 있고 이면도로인 이곳은 높고 낮은 집들이 어우러져 있는 곳이다. 북쪽의 한집은 닭 울음소리가 난다. 움막이 가려져 있어 닭은 보이지 않아도 소리는 곧잘 들린다. 그 뒤로는 높은 아파트들 사이에 고등학교와 국립묘지가 신록이 우거진 숲이 시야를 시원하게 해준다.
　동쪽의 지붕은 자세히 보일 정도다. 바로 앞의 집은 상자와 화분을 가지런히 놓아 고추며 상추, 블루베리 등을 심어 아주머니의 손길이 자주 보이며 남새밭으로 깨끗이 푸르게 꾸며져 있다. 그러나 흙의 무게가 걱정되어 보였다. 그 옆집은 여기저기 흩어져 있는 화분과 덮어 놓은 널빤지 한쪽은 장독대 옹기들, 목줄이 매어진 누렁이 한 마리 정든 개인지 좋아하는 개인지 이층지붕에다 놓아 키우고 있다. 이 누렁이로 하여 흐린 날 동풍이 불면 비릿한 냄새가 나고 가끔 짖어대는 소리가 들린다. 님쪽은 높은 건물 사이사이 관악산 송신탑과 연주대가 멀리 보이지만, 눈가늠으로 알 수 있고 서쪽은 큰 재래시장의 모습이다. 그 너머 공원, 사이사이 푸른 나무와 교회의 십자가가 흰 등과 붉은 등이 보이는 것만도 여덟 개나 된다. 불이 없는 교회와 성당의 것도 합치면 마을 가까이 다닥다닥 생각보다 많은 교회가 있다. 그리고 어느 집 문기둥에는 긴 대나무 막대에 붉은색과 흰색의 네모진 깃발도 보이는 것이 오래전 마을의 형성과정과 생활 환경을 짐작할 수 있을 것 같았다.

　이렇게 많은 성전을 옆에 두고 사는 이 마을 사람들은 하느님 말씀처럼 이웃을 사랑하고 한 조각 빵도 나누며 살고 있을까, 시장에서 간간이 들리는 다툼과 한밤에 간혹 고성이 들리는 집, 신뢰를 깨는 모습들이 신앙심이나 성전과는 상관이 없는 것 같다. 푸른 나무가 많이 보여서인지 새벽의 새소리는 아주 아름답고 영롱하게 들리지만 처량한 누렁이는 가끔은 계단 아래를 유심히 바라보며 주인의 손길을 기다리는 듯하고 지붕 위에 덮어진 널빤지 사이를 사람이 구멍을 들여다보듯이 보고 있다. 낮은 담 난간 위로 앞발을 올리고는 지루한 듯 머리를 담에 기댄 채 길 아래 지나가는 사람과 식당에서 풍기는 음식 냄새에 넋을 놓은 듯이 멍하다. 마치 부모의 손길을 잃은 어린아이들을 떠올리게 하며 무척 마음이 짠하게 동요되기도 한다. 지루하고 외로운 누렁이도 저리 딱한데 손길 잃은 어린아이나 힘없는 외로운 사람들을 생각하게 되니 가슴이 먹먹해지며 쓰려진다.

　싸리밭의 개 팔자라고 하는 말에 어울리지 않는 누렁이, 하늘의 달을 보고 짖어대다 나를 보자 꼬리를 내리고 자기의 모습이 처량하고 창피스러운 것처럼 슬금슬금 집으로 들어간다. 자존심에 생채기라도 난 것처럼, 마치 사람이라도 된 양 착각 한 듯이 아니 어쩌면 사람을 더 우습게 보는 건 아닌지 세상이 온통 코로나에 입을 가린 광대 모습이니 말이다. 얼마나 단순하고 답답한 나날이면 달만 떠도 짖어댈까. 지상의 삶은 다채롭고 화려하다. 지하도 많은 손길로 꾸며진 곳은 번잡하고 화려하기 이를 데 없지만, 지붕 위의 하늘을 벗 삼은 누렁이는 쓸쓸해 마음을 앓고 있는 것 같았다. 병아리를 키우면 알을 낳아주고, 과수는 열매를 준다. 개는 왜 지붕에서 키우는 건지, 비가 올 때는 천둥소리에 번개가 번득이면 누렁이는 두려움을 느끼는지 주인을 부르는지 진동의 신음을 내고 있다. 주인의 모습은 보이지 않는다.

 바이올린의 아름다운 선율은 아니라도 나무 위나 전깃줄의 새들이 울어대는 지붕 위의 풍경은 하늘을 맴돌며 흐르는 구름과 조화되어 더 없이 아름답다. 멀리 보이는 산의 푸르름과 새 소리만으로 부족한 것이 없다. 한 폭의 그림에 닭과 개가 없으면 더 멋있을 것 같다.

 누렁이가 어슬렁거리며 옆눈으로 보고 있고, 닭들은 고골 거리며 옆에 있다고 알린다. 세상의 많은 일들, 내 맘대로 할 수 없듯이 그들이 만든 지붕 위의 모습을 나는 그저 볼 수밖에 없기에 그대로 보고 있다. 사람들의 어색한 어울림이나 지붕 위에 각각의 퍼즐들 맞출 수도 어울릴 수도 없지만 한 풍경 속에 같이 있다. 어울리건 어색하건 혼탁한 지구 위의 한 점으로 스치긴 마찬가지 풍경이다. 땅에선 알 수 없는 이곳의 어둠의 모습 어느 노래 속엔 "더 높은 곳을 향하여" 라고 영혼으로 신의 소리를 들으려 하는 것 같지만 지상에서도 관심을 얻지 못하는 아픈 삶의 얘기들이 종종 들릴 땐 소요 속에서의 외로움은 지붕 위와는 비교조차 할 수 없겠지만 높이 올라와 봐도 하늘은 언제나처럼 높은 곳에서 무심하기만 하고 눈앞에는 따뜻한 집안에서 잊히어진 듯한 지붕 위의 누렁이, 어둠이 무서운 듯 쭈그리고 있다. 마당에 있다면 밤눈이 더 반짝일 텐데 제자리를 잃으니 정체성까지 잊은 것인지 어둠 속에서 보는 지붕 위의 풍경은 내려다보는 하늘을 향해 자는 듯이 조용하기만 하다. 그래도 달과 별들은 가리지 않고 하늘에서 모두에게 반짝반짝 빛을 밝히고 있다.

다시 보이는 누렁이

갈수록 지구가 태양 가까이 가는 것 같다. 더위는 열대의 기후처럼 바뀌어 가는 여름이다. 움직이기도 일하기도 힘에 버겁고 혈압도 내려가는 듯 가만있으면 더위도 가만있을 것 같다. 에어컨을 피해 조용히 차가운 방바닥에 누워본다.

그 와중에 절규와 같은 닭의 울음소리가 들려왔다. 얼마나 다급했는지 닭이 오리 소리를 내고 있었다. "꼬꼬댁 꽥꽥" 별생각 없이 들었던 소리가 불현듯 말복 날이라는 것을 깨우쳐 주었다. 벌떡 일어나 베란다로 나가 건넛집의 누렁이를 보았다. 매어 놓은 줄도 없고 누렁이도 없다. 다시 북쪽의 닭장을 보았다. 언제나 닫힌 닭장의 문이 열려있고 할머닌 닭장을 청소하고 있다. 고골 거리던 소리가 사라졌고 나는 그때야 닭들이 잡혀가느라 몸부림친 소리였구나 생각하며 삼복에 쓰려고 키운 닭이구나 생각했다. 그러나 누렁이가 보이지 않으니 그건 좀 다른 생각이 들었다. 개도 복날이라 사라진 것일까? 그래서 키운 것인가 언제나 처량하게 보이던 안쓰러운 개가 보이지 않는 것이 왜 이리 가슴이 덜컹 내려앉는 것인지 한 일 년 가까이 무심한 듯이 보아 오던 것이 불현듯 늘 있었던 것처럼 느껴지며 그 자리에 있어야 하는 물건처럼 여겨졌다. 무의식의 각인인지 괜히 한가하고 한심한 사람 같아져 곧 집안으로 들어왔다.

누렁이와 닭들이 사라진 날, 오래전 풍습이 아직도 행해지고 있는 것일까, 개들은 사람과 너무 가까워져 복날의 음식에서 이미 사라지고 있는데 이상하다. 보지 못하고 소리만 듣던 닭은 그 집의 가족을 위해 쓰여도 별 의미가 없는 것인데 누렁이는 늘 보이던 것이 보이지 않으니 뭔가가 잘못된 것 같았다. 그러나 곧 잊었다.

그렇게 잊고 있던 어느날 쨍쨍 따가운 햇볕에 이불을 잠시 말리려다 지붕 위의 누렁이를 발견하였다. 웬일인가? 왜 이렇게 반갑고 마음이 편안한지 누렁이도 주인을 따라 여름 휴가를 갔다 온 모양이었다. 그 집 지붕 위에는 많은 빨래가 널려 있는 것을 보니 누렁이 밥이 걱정되어 데리고 갔다 온 것 같았다. 옥상에다 놓은 것이 자리가 없어서구나! 그래도 개를 아껴주고 있었다는 생각이 들었다. 비 맞으며 낑낑대던 그 처량해 보이던 누렁이가 행복해 보였다. 어느새 나는 웃고 있었다. 내년 봄에는 닭 소리도 다시 들리겠지? 생각하니 지붕 위의 풍경은 별 변함이 없다.

조금 떨어진 거리에서48 23층 주상복합 건물을 짓는다니 얼마 지나면 앞의 창공을 가로막을 것이지만 그래도 아직은 변함없이 새들이 날고 새벽에는 고운 새소리도 들려온다. 꽃길을 걷다 보면 내 것이 아닌 꽃이 예쁘기만 하듯이 길 건너 집 누렁이가 언제부터였는지 작은 관심거리가 되어 있었다.

우리 삶에는 가랑비에 옷 젖듯이 스며드는 감정이나 작은 습관들이 수시로 생겨나는 것 같다. 돌아와 있는 누렁이의 모습이 왠지 우쭐대는 것 같이 보여 자꾸 웃음이 나왔다. 닭에서 느끼지 못하는 정을 개에게서 느낄 수 있는 것이 무엇일까 생각하니 작은 눈빛이었다. 마주 보며 상대의 마음을 읽을 수 있는 눈길이다. 육 미터 거리의 대각선이니 십 미터 이내의 거리이다. 주인과도 인사 없이 지붕 위에서 마주한 개에게 안심인지 관심인지 그저 편안해지는 기분이 좋아진 잠시 한가한 시간이다.

은행나무

휘저어보고 싶도록 푸르른 하늘, 아득히 더 높아지는 계절, 공기도 달라지고 있다. 쪽빛 하늘 아래에선 장엄한 은행 나뭇잎이 짙은 가을을 알리며 노란 풍경화를 그려댄다. 그 풍경을 볼 때마다 풀지 못한 안타까움이 남아있다.

진주의 한 마을에 두 大家대가 집이 나란히 있었다. 두 집 다 수십 년 된 은행나무가 한 그루씩 대문 앞에 심어져 있다. 한 집은 수 나무고 아래 집은 암 나무다. 수 나무의 집은 내 친구 조부모님이 사시는 집이다. 조부께서는 그 시절 마을에선 존경받는 어른이셨다. 너무 자란 나무는 집을 어둡게 하고 가을엔 낙엽도 많다. 이웃에 폐가 되지 않게 아침저녁 부지런히 쓸어야 했다. 비가 오거나 하면 키 큰 나무에 낙뢰라도 맞을까 여러 번 자르려고 하였지만, 아랫집의 암 나무에 열매가 맺지 못할까 걱정되어 번번이 생각만 하고 자르지 못하고 있는 나무였다. 그러던 중에 약재로 쓰기 위해 은행이 좀 필요했다.

마침 아랫집에서 은행나무의 열매를 털고 있어서 자루 하나 들고 가서 은행이 필요하여 조금 얻자고 부탁했다. 묵묵부답이었다. 그래서 "우리 집 수 나무가 있어서 열매를 여는데 좀 줄 수 있는 것, 아닌가" 하셨으나 거절하였다며 집으로 오셨다. 조부께서는 "내가 이렇게 덕망이 없는 사람이냐"며 빈 자루를 놓으시며 자신을 책망하시는 듯 허탈해 하셨다. 아랫집의 행동이 무척 언짢으셨지만 그래도 사과라도 할지 시산을 두고 기다리시는 눈치였다. 겨울 가고 봄이 오자 말 한마디 없는 이웃을 체념한 듯 많은 생각 끝에 꽃이 피기 전에 인부를 불러 은행나무 밑동을 잘라 버리셨다. 아랫집은 그 후로 은행이 열리지 않았다.

 은행나무란 신생대부터 현존하는 살아있는 화석이라 불리며 장수와 장엄의 상징으로 여겨지기도 한다. 경기도 용문사에는 천 이삼백 년 된 화석 같은 은행나무가 있다. 높이가 아득하여 바로 서서 하늘을 찌른듯한 나무의 우듬지를 볼 수가 없었다. 은행은 암수를 가리려면 십오 년 이상 자라야 알 수 있지만, 지금은 DNA 검사로 어린나무에서도 구별할 수 있게 되었다. 새싹이 나올 때 잎과 비슷한 푸른색 작은 부스러기 같은 꽃이 피는데 유심히 보지 않으면 꽃을 모르는 사람은 그냥 지나치기 일수이다. 은행의 과육에 함유된 빌로볼(bilobol)성분과 은행산(nkgoic acid)의 독성과 냄새가 고약하지만 나무로서는 살아가기 위한 방어수단이다. 동물과 곤충으로부터 종자를 지키며 병충해에 강하고 공기를 정화하는 능력도 있다. 척박한 환경에서도 잘 자라 가로수로 많이 쓰여왔다.

 이런 나무를 키우며 얻어지는 열매를 수확할 때 열매가 열리지 않는 오랜 이웃에게 그렇게 매정하게 한 이유는 무엇일까? 궁금하여 친구에게 물어보았다. "그 집 은행나무는 어찌 되었니?" "뭐, 그냥 열매 안 열리고 있지, 삼 사대를 거느리고 사는 어른이 생각 없이 그리 살면 되겠나? 은행이 한 가마니나 열리는데 이웃 어른에게 그냥이라도 좀 줄 수 있는 것 아니야?" 나는 "그러게"라고 조심스레 응수를 하였다. "이웃 간의 정이 뭔지도 모르는 행동으로 결국 다시는 열매를 못 보게 되었으니 자손들 보는데 부끄러운 줄 알아야지" "나무 자른 후로는 우리 집 앞으로 고개도 못 들고 다닌다." 친구는 기억하기 싫은 듯이 말했다. 나는 계속 이야기를 하면 화를 돋게 할 것 같아 재미난 얘기로 화제를 돌렸다.

옹졸한 이가 되어버린 아랫집 어른의 입장이 가을에 한 번씩 은행알을 보면 생각이 났다. 왜 그랬을까? 혹시라도 어르신께서 말씀을 마음 상하게 해서라면 오랜 이웃 어른이신데 슬쩍 웃어넘기며 자루에 좀 담아 드리는 위트는 그렇게도 없었을까? 그렇다고 똑같이 나무를 자르거나 수 나무를 한그루 더 심기에는 우스운 꼴이고 정말 난감한 마음으로 심기가 불편하였을 것 같았다. 해마다 은행이 알알이 많이 열매 맺는 것은 쉽게 나누라는 뜻도 있을 것 같다. 애써 많은 꽃이 피어도 수정이 되지 않는 빈 나무를 쳐다보며 같이 사는 자손에게 뭐라고 설명했을지 상상이 되지 않았다. 수 나무의 덕으로 여러 해 은행을 얻을 수 있었다는 감사는 해 봤을까? 윗집 어른의 불편했던 마음을 한 번이라도 생각했다면 그럴 수는 없었을 것 같다.

괜히 아랫집의 들어보지 못한 마음이, 변명하기 힘든 모습처럼 안타깝다는 생각이 들었다. 자루에 한두 바가지 푹 떠서 담아 드렸다면 많은 것이 달라져서 마음에 괴로움은 없지 않았을지, 작은 은행알로 큰 부담을 안은 것 같은 생각이 들었다. 옛날엔 과수나무 한 그루에 열매가 달리면 그 과일이 익을 때까지 기다렸다 나눠 먹었다. 지금은 돈만 있으면 계절과 상관없이 지천인 맛있는 과일들을 맘껏 살 수 있다. 그러나 우리의 미풍양속에는 김장철과 농사철 등 다양한 품앗이가 있었다. 지금은 없어져 버렸지만, 얼음이 녹는 이월쯤이면 마을 사람들이 같이 내 것, 네 것 할 것 없이 구령에 맞춰 앞으로 옆으로 보리밟기도 했다. 정월 대보름 오곡 밥을 해서 여러 집에서 조금씩 담아 배고픈 누구든지 먹을 수 있게 하던 반기 살이도 있었다. 이러한 둥근 달 같던 이웃의 정들이 사라져간다.

이기적이고 개인주의가 만연한 세태에 많은 아쉬움이 연민으로 다가온다. 이제는 그렇게 아끼던 노인의 은행알도 가을만 되면 도로에서

밟히며 열매의 냄새와 환경미화에 불편하다는 이유로 가로수에서도 사라지고 있다. 돌이키지 못하는 시간 속에 많은 것이 안타깝다. 삶을 풍성하게 하던 풍습이 먼 하늘의 뜬구름처럼 멀어져간 요즘, 아스라한 기억처럼 그저 그때가 문득문득 떠오를 때가 있다. 늦가을 길에 밟힌 은행을 보면 이유는 알 수 없지만 은행을 나누지 않고 움켜쥔 어른의 모습이 떠오르고 내 손에는 무엇을 움켜쥐고 있는지를 돌아보게도 한다. 한 알도 가지고 갈 수 없었을 노인에 대한 쓸쓸한 기억이 길게 여운을 남긴다.

외딴 병실

　병원의 대기실, 차례를 기다리며 의학 소식 잡지를 보다 놀랐다. 결핵 환자의 수가 OECD 가입국 중 1위란다. 연산동 들판의 작은 병동, 육십 년대 그곳의 이름은 요양병원이지만 피막 병동이 생각났다.
　버스를 두 번 갈아타고 잡초와 야생 꽃들이 피어있는 들판을 한 십여 분 걸어서 들어가는 곳이다. 늦가을이어도 여기저기 들국화와 코스모스 몇 송이가 철을 잊은 듯 피어있었고 잡초처럼 강해 보이진 않아도 쌀쌀해지는 바람에 한들거린다. 병약한 환자들의 외딴 병동은 벌판의 바람으로 추웠다. 그곳에는 사돈집 친구 같은 언니가 있어 간간이 면회를 갔는데 전염성이 없는 비활동성 환자의 병동이지만 耐性내성이 있는 나는 부모님께 지청구 듣기 싫어 몰래 다녀오곤 했다. 가지고 간, 변변치 못한 간식을 나눠 먹으며 에밀리 브론테의 〈폭풍의 언덕〉을 읽은 얘기를 하디 병동 들판의 밤의 바람 소리가 누군가를 부르는 소리 같아 무서워졌다고 얘기하며 언니는 그 짙은 사랑이 부러운 건지 가슴이 아픈지 남녀의 사랑이라는 것을 궁금해하는 것 같았다.
　싸늘한 늦가을 추위지만 환자들을 위해 피워 놓은 연탄난로가 있어 다섯 명의 작은 병실은 그나마 온기가 있었다. 난로 위에는 물을 데우고 있었는데 그 물은 밤에 알루미늄 물통에 넣어 요즘의 핫팩처럼 잠잘 때 이불 속을 데우는데 사용할 물이라고 하였다. 병실의 사람들은 책을 많이 읽고, 편지도 자주 쓰고 있었다. 일기인지 산문도 잘 쓴다고 했다. 나는 집으로 오는 길에 그들이 써놓은 편지들을 받아 우체통에 넣어주기도 하였다. 가끔 갈 때마다 읽을 책을 한두 권씩 갖다 주고 다 읽은 책을 받아왔었다. 창백한 얼굴에 핏기없는 미소들, 학교 교사와 대학생, 직장인 등 사회활동을 멈추고 있어서인지 비관적인 대화, 죽고 싶다는 말을 하는 사람도 있었다. 결핵은 약도 규칙에 따라 잘 복용해야 하지만 영양식으로 잘 먹고 안정해야 한다. 본인이 노동력을 쓰지 못하니 가족의 도움이 절실한 병이다. 의지도 강해야 한다. 그 부담감에 비해 빠른 차도가 보이지 않으니 죽고 싶다는 말을 자주 하는 환자가 있는 것 같았다. 즐겁게 웃기도 하고 동병상련에 상부상조하며 지내고 있는 아주 작은 외딴 공동체인 것 같았다.

 부유한 집의 환자는 독실을 쓰지만, 간식이나 소모품들을 어려운 환자에게 알게 모르게 도움을 주기도 한다고 했다. 이야기 중에 갑자기 '씨익~' 하는 압력에 공기가 새어 나오는 소리가 나자 모두 비명을 지르며 밖으로 나갔다 '펑' 하는 소리와 함께 창문이 심하게 흔들렸다. 뜨거운 물이 병실 사방으로 튀었다. 이유도 모르고 비명에 놀라 나도 덩달아 뛰쳐나갔다. 다행히 병실은 약간의 물기가 있었지만 아무도 다치지 않았고 훈훈하였다. 여기저기 이불에 물이 튀어 좀 젖은 곳이 있고 나일론 이불 홑청이 뜨거운 물에 익은 듯이 가드라 든 곳도 있었다. 모두 놀랐지만, 엉거주춤하며 들어와서 터진 물통을 치우고 떨어진 약병과 흩어진 것을 정리한 후 냄비에 다시 물을 올렸다. 한 사람이 뜨거운 물을 부어 뚜껑을 잠그고 침상에 넣는다는 것이 난로 위에 놓고 얘기하느라 잊은 것이었다. 그나마 뚜껑을 세게 잠그지 않아 공기가 새어 나오는 소리 때문에 피할 수 있었다며 천만다행이라고 하였다.

 죽고 싶다고 하던 환자들은 살겠다고 다 뛰쳐나가고 빨리 나아서 동생들을 돌보아 한다고 하던 사돈댁 언니는 이불을 뒤집어쓰고 조용히 있었다. 서로 쳐다보며 계면쩍게 웃었다. 그 웃음에는 마음속 깊은 삶에 대한 본심이 담겨있는 듯하였다. 옆의 병실에서 한두 사람이 들여다보며 다친 사람 없는 것에 안심하고 갔었다. 그들의 힘든 마음을 철없던 내가 다 이해할 수는 없었지만 물을 닦고 안정이 되니 다시 병실은 조용해지고 언니보다 나이가 많아 보이는 분들은 재빠르게 뛰어나갔던 자신의 모습을 떠올리며 각자 생각이 많아진 듯하였다.

 나는 돌아오면서 산다는 것과 살고 싶다는 것은 운명과 정의의 불합리한 이치가 존재하는 것 같이 쓸쓸한 느낌이 들었다. 사람은 마음먹은 대로 움직이고 싶어도 운명은 뜻과 같이 움직여주지 않는 것이 인생인지? 어수선한 마음으로 들어갈 때 보았던 꽃들을 다시 보았다. 한들거리는 코스모스였지만 땅 위로 불거진 억센 뿌리는 꽃송이와는 다른 모습이다. 문밖으로 뛰쳐나가던 모습이 거친 뿌리에 겹쳐졌다. 한들거림은 바람에 버티느라 흔들리고 있는 것이었다. 절망과 좌절 속에서도 삶의 강인한 생명력의 뿌리를 보았던 것 같다.

 받아온 편지를 우체통에 넣어주며 그들은 짙은 희망의 노래를 남에게 들리지 않게 낮게 부르고 있는 듯 살고 싶은 마음을 역설적으로 "죽고 싶다"라는 표현으로 써진 속지가 보이는 것 같았다. 덜덜거리며 집으로 가는 버스 문으로 하차하는 승객이 병실의 문을 뛰쳐나가는 것처럼 잔상이 자꾸 보였다.

 그곳에서 어렵게 완치되어 집으로 돌아온 사돈 언니는 그 후에 결혼하여 아들을 기르며 잘살고 있었고 삶은 그리 간단하지도 않았지만 성실한 노력과 힘든 인고의 세월은 준비된듯한 행운도 있었다. 힘든 시간을 견딜 수 있는 것은 삶을 누리고 있는 것만으로도 가치가 있기에 가능하다는 생각이 들었다.

 주어진 삶의 애착을 마음껏 행하지 못하는 안타까움, 살아야 하고 살 살고 싶은 애정을 표현하지 못해도 우리는 나름대로 살아가는 것이다. 그것을 인생이라고 푸념처럼 말하지만, 사실은 치열하게 살아왔고, 살아가고 있다. 후진국의 먼 얘기 같은, 없어진줄 알았던 결핵이 아직도 많은 환자가 있다니 좋은 먹거리가 지천이고 의학이 놀라우리만치 발전된 시대에서 이 병명을 보는 것이 안타깝다. 그 어렵던 시절에도 완치되는데 지금은 더 좋은 치료가 있을 거라는 생각을 하며 오래전 기억 속의 걱정은 잊으며 환자들의 강한 의지와 의술을 믿어보고 싶다.

낙엽이 뒹구는 계절

　깊어가는 가을 쌀쌀한 바람이 일렁인다. 나무들이 겨울나기를 시작한다. 푸르던 잎이 낙엽이 되어 떨어지기 시작하면 높게 자란 나무들로 뜰 안은 그렇다 해도 담을 넘어, 집 앞길을 하루에도 몇 번씩 비질을 대야 한다. 작은 바람에도 이리저리 뒹굴어 다니는 가드라 들은 낙엽들 때문이다. 약간 언덕길이라 쓸리다가도 바람에 나르는 것이 여간 성가시지 않았다. 정원의 한곳에 모아 태우다 보면 불길의 열기로 다른 나무를 태울까 조심스러워 가끔은 벽난로에 넣고도 태웠다. 감 알이 사 백 개 이상씩 달리는 큰 감나무 두 그루에서 떨어지는 낙엽은 대단하다. 대문 안에 허리 굽혀 인사하는 적송의 잎까지 소나무도 겨울에 눈이 쌓이면 가지가 부러질까 막대로 살살치고 흔들어 솔 갈비를 털어 주어야 한다. 북쪽의 삼출엽 담쟁이는 벽을 감싸고 있을 때는 청라의 빛이 집의 품위를 살리지만, 낙엽으로 잎이 지면 무덤의 목념을 연상시키는 줄기를 드러내며 을씨년스럽다. 거기다 이슬까지 맞으면 잘 쓸리지도 않고 잎이 진 라일락 나뭇가지에 떨어져 잎처럼 붙어있다 마르며 다시 날아 동네 길을 휘젓고 뒹군다. 그 덕에 이웃집 앞까지 쓸어야 하지만 달콤한 감을, 먹을 생각으로 낙엽의 성가심은 군침으로 달랜다.
　감들은 익어가지만, 나무의 앙상한 가지만 남을 때까지 눈뜨면 길부터 쓸고 해지기 전에 또 쓸어도 아침이면 수북이 쌓여있다. 바람 불고 비 오는 날은 집주인이 아니라 머슴같이 길고 큰 빗자루로 이웃이 불편해하기 전에 쓸어야 마음이 편했다. 특히 울타리가 붙은 집의 배수구 홀이 막힐 것이 걱정스러워 여간 신경이 쓰이지 않았다. 그러나 정원을 덮은 낙엽은 운치도 있고 낙엽을 태울 때는 어린 시절 시골집 굴뚝 연기를 그리며 향수를 느낄 수 있는 낭만 가득한 순간이다. 간간이 섞여 있는 희나리로 매운 연기에 눈물을 닦으면서도, 그 오묘한 낙엽이 타는 냄새에 마음이 넉넉해진다. 솔 향기까지 섞여 소곤대는 소리를 들으며 무슨 얘기를 하는지 한참동안 명상에 젖게 한다. 타닥타닥 뜨겁다는 소린지 잘 살았단 소린지 마지막에 소리를 멈춘 재는 정원의 흙으로 갈무리된다. 그러면 다음 날 생선가게에 가서 생선 다듬은 내장을 들통에 가득 얻어다가 두 감나무 뿌리 근처에 겨울에 얼기 전에 땅을 파고 생선 내장을 넣고 흙을 덮는다. 겨울 동안 발효되어 좋은 거름으로 다음 해에도 맛있는 감이 주렁주렁 달리기를 바라는 욕심 같은 소망이 담긴 마음에서이다.

  단감은 정말 달고 아삭하여 동네에서 소문난 맛이다. 시간이 지나 물러지면 너무 달아서 목이 탄다. 그래서인지 감이 익을 때가 되면 근처 삼능 공원의 새들이 수시로 날아들어 감을 쪼아대다가는 감나무 가지에 끼어 죽는 가막새도 있었고, 잘 먹고는 떠날 때는 주차장 차위에 잊지 않고 감값으로 주고 가는 새똥을 덤으로 치우기도 해야 한다. 처음에 익은 것 몇 개씩 따 먹을 때는 긴 막대로 따지만 다 익으면 정원사를 불러 전지와 함께 감을 따면 정원사가 울타리 경계선을 넘어간 가시를 많이 잘라준다. 봄이 되면 다시 자라겠지만 남은 낙엽들도 모두 털어서 쓸어가면 낙엽 거시도 늦기을 전지도 끝나다. 정원사는 힌 아름의 감과 접을 붙일 거라며 감 가지를 몇 개 차에 싣고 품삯은 주머니에 넣고 흡족한 듯 웃으며 떠나지만 떠날 때는 꼭 깨어진 감을 몇 개 더 가지고 와작와작 먹으면서 간다.

네 집이 나란히 마주 보는 여덟 집의 문을 두드리며 감을 조금씩 돌린다. 담이 붙은 집에는 푸짐하게 드리면 나와 갑장이며 의사인 집주인은 '잘 먹겠다고' 하며 무척 좋아한다. 아마도 감을 좋아하는 것 같았다. 집 앞을 지나며 감 따는 것을 쳐다보던 이들도 몇 개씩 드리고 형제들과 지인들에게도 조금씩 주고 친정어머니께도 보내드리면 어머닌 다 드실 때까지 참 맛있는 감이라고 말씀을 하셨다. 두고 먹을 것 등 정리가 좀 된듯하면 누구에게 줄 수 없는 떨어져 깨어진 감은 내 몫이다. 많이 깨어진 것은 감 식초용으로 쓰고, 맛있는 큼직한 것 몇 개 들고 정원의 그네에 앉아 감을 먹으며 흔들흔들 여유를 즐긴다.

앙상한 가지만 남은 나무 사이로 둥글게 층을 이루며 전지된 여섯 그루의 향나무와 큰 소나무 사이의 맑고 높은 하늘 사이에 주홍빛 새 밥이 소담스럽다. 뒹굴던 낙엽을 쓸어대느라 아팠던 손목의 통증도 조금씩 가라앉는다. 전지하며 거두어 놓은 정원 구석의 이슬 맞은 축축한 향나무 가지에서 뿜어나오는 은은한 향기는 바람에 업혀 마당을 맴돌면 내게 영혼의 안식을 느끼게 한다. 그 순간 내게 부족함이란 아무 것도 느낄 수 없다. 늘 이렇게 살 수 있을까 이렇게 산다면 나는 무엇이 될지 낙엽의 재가 바람에 쫓기다 사라지듯 태어남의 의미를 잃을 것 같아 잠시 불안하고 초조한 생각이 들기도 하였다.

아름다운 계절들, 태양은 세상에 낮을 알리고 별들은 밤마다 반짝이며 둥근달은 뜨거웠던 열기를 잠재우며 내게 쉴 수 있는 평온함을 주며 성가시던 낙엽도 정겨움으로 변한다. 어느덧 서산으로 넘어가는 해를 언덕 집에서 내려다볼 때의 황홀한 노을빛에 넋을 놓는 사이 서서히 땅거미가 진다. 그렇다, 낙엽으로 뒹굴다 태워지는 삶보다 나도 한 줄기 멋진 노을이 되고 싶어 아름다운 말년을 향해 분주히 움직이는 삶에, 마냥의 정원이 없는 지금은 옥탑에서 보이는 이웃집 감나무를 보며 예전의 정원에서 낙엽을 태우던, 연기 속의 그 향기를 기억하며 흙으로 덮혀있던 옛집마당의 맛있는 감을 떠올려본다. 앙상한 가지에 새의 겨울 밥이 남아있는 이웃집 감나무의 모습이 주인의 후덕한 마음으로 다가와 옛집의 정겨운 풍경들이 마른 가지 사이에서 아련히 비치고 있다.

고추 방앗간

  기름을 짜려고 깨끗이 씻은 들깨를 들고 기름집 문을 살며시 밀었는데 요란스럽게 드르륵거린다. 손님이 없어 책을 보고 있던 주인은 책에 갈피를 끼우며 웃는 얼굴로 일어났다. 재개발이 거론되며 손을 보지 못하는 기름집 고추 방앗간은 어수선하고 주인도 기운이 있어 보이지 않았다. 그런대로 구색은 갖춰있었지만, 어딘지 모르게 가게의 모습이나 주인의 모습도 재개발에 묻어갈 듯이 때를 기다리며 꾸미지 않는 것 같았다. 고소한 기름 냄새와 매운 고추 냄새가 뒤섞여 맡아지니 재채기가 나왔지만, 다행히 코로나로 마스크를 쓰고 있어 참을 만은 하였다. 한 시간 정도면 기름을 짤 수 있다고 하기에 집에 갔다 올까 하는데 좋아하는 노래가 흘러나오고 있는 것이 아닌가, 존 바이제의 '솔밭 사이로 강물은 흐르고'라는 노래다. 좋은 음악이 계속 나올 것 같아 기다리며 감상을 하는 것도 좋을 것 같았다. 물푸레나무 사이로 흘러가는 강물을 상상하며 소리가 나는 곳이 궁금했다. 좁은 내부에 벽 이외는 오디오가 보이지 않았기 때문이다. 추억의 샹송과 칸초네, 세미 클래식들이 흘러나오고 있었다.
  주인이 덮어 놓은 책을 슬쩍 보았다. 「민주주의란 무엇인가」였다. 7인의 지성인이 바라본 이 시대의 민주주의 의미와 가치, 왜 민주주의 위기가 발생했는지 위기를 어떻게 대응하고 극복해야 할 것인가를 쓴 책이었다. 주인의 모습을 다시 한번 쳐다보았다. 왜소한 몸에 기름때 묻은 작업복의 중 늙은이의 모습이 나와 연배가 비슷해 보였다. 음악이 나오는 곳이 벽 안쪽이라 신기하여 주인에게 물어보았다. 기름틀은 자동으로 들깨를 볶고 있었고 고추 방아는 멈춰있었다. 주인은 일하다 보면 라디오를 떨어트리고 깨뜨리는 일이 있어서, 주파수 잡기도 힘들어 벽에다 공간을 만들어 라디오 주파수를 FM 클래식 방송에 고정하여, 한지로 바르고 스피커 쪽으로 바늘구멍을 많이 내어놓으니 소리가 잘 울려 나온다고 하였다. 괜찮은 생각 같았다. 하긴 자신의 불편한 것에는 해결책을 빨리 잘 찾아내기도 하는 것이 사람이라 생각된다.

　계속 흐르는 아름다운 음악을 듣다 '어느 소녀에게 바친 사랑'이란 곡이 흘러나오니 학창시절 친구가 신청하였다고 하여서 부모님 모르게 작은 쏘니 라디오를 이불 안에 넣고서 밤늦은 시간 친구의 신청곡을 들으려고 귀를 기울였던 기억을 떠올렸다. 그때는 왜 그리 음악도 좋고 아름다운 곡들이 많이 나오던지 다 시대의 흐름에 따라 유행도 다르고 문화도 바뀌지만, 그 옛날 육십 년대에서 칠십 년대 사이에 듣던 음악은 아무리 들어도 싫증이 나지 않는다. 요즘처럼 바쁘고 시끄러운 랩 같은 것에는 흥미를 느낄 수가 없다. 기계가 멈추니 조용해져 소리는 더 잘 들리고 짧은 시간이지만 나를 감성 예민하던 학창시절에 잠시 머물게 하여 애잔한 시간이었다.

　볶은 깨를 식혀 기계에 넣어 기름을 짜는 동안 주인은 책을 다시 들었다. 책 제목 때문이었는지 문득 학창시절 운동권에 있지 않았나 하는 생각이 들었지만 묻지는 않았다. 내가 생각하던 민주주의는 자유, 평등, 행복추구를 누릴 수 있는 권리나, 자유경제, 인간해방의 민주주의에 따른 의무도 함께 있다고 생각하지만, 요즘은 답답함을 느낄 때가 있다. 권리는 바득바득 따지지만, 책임과 의무에 대해선 외면하는 당돌함과 상대방을 존중하지 않는 사람의 모습을 보게 될 때 정말 어이없는 참담한 생각이 들 때가 있다. 교육에서도 문제가 있고 인성에서도 많은 문제가 있는 것은 사회의 인기영합주의의 흐름도 이유가 되지 않았나 하는 생각을 해보았다.

  방앗간의 기름때 묻은 아저씨, 듣는 음악과 보고 있던 책을 보며 나는 아무 말도 하지 못했다. 열린 사회의 존재론을 읽고 있었던 책 장을 슬쩍 보며 방앗간 모습에 맞게 그저 그렇게 생각한 것은 이미 선입견과 편견이 드러난 나의 모습이었다. 스스로 씁쓸한 마음이다. 아저씨는 독립적 존재로 인정받으며 개인의 자유 속에 뭉쳐진 사회구성원인 나와 같은 한사람일 뿐이다. 아니 나보다 사회에 더 도움이 되는 홍익인간 일지도 모른다. 알지도 못하는 내가 방앗간이란 이름만으로 누구를 어떻게 생각하는 것은 안되는 것이었다. 그사이 기름은 기계에서 여러 개의 병에 넣어지고 있었고 그때 한 남자가 들어오더니 문 닫기 전에 가져가려고 왔다며 차곡차곡 쌓여있는 깻묵을 자루에 다 담으며 "이제 이것도 마지막이니 섭섭하고 아쉽네요" "어르신 그동안 감사했습니다." 수다 같은 인사에 웃기만 하던 주인은 기름이 다되었다고 내가 마지막 손님이라고 말하며 여기는 재개발로 철거가 시작된다고 하였다.

  "어르신은 그럼 어디서 방앗간을 계속하나요?" "어르신은 무슨– 기름집 아저씨지요, 잠시 해보니 고추 냄새에 기침이 심해 쉬려고 합니다". "아– 네" 그의 문제가 뭔지는 몰라도, 음악은 영혼을 치유한다고 하였는데 기름집 아저씨라는 비아냥 같은 뉘앙스가 아름다운 여운을 다 사라지게 했다. 개운하지 못한 마음으로 돌아서 나오다 어쩌면 겸손함인지도 모르는데, 큰 뜻 없이 한 말에 책 표지를 생각하여 내가 알 수 없는 생각을 하는 것은 아닌지, 혹시나 그 아저씨가 내 생각을 읽은 것은 아닐지 문득문득 스치듯 나오는 남의 일에 편견 된 소견은 나의 소양의 바닥이 보이는 듯 주춤하였다. 그러자 기름병의 무게가 느껴지며 고소한 향이 맡아졌다. 한 병씩 나눠주려고 가까이 있는 아들들 집으로 발걸음을 옮기는 동안 잘 들은 음악의 리듬따라 떠오르는 풍경들이 기름의 향에 섞어 나르고 있었다.

개나리

 유수 같은 세월이라더니 정말 눈 깜짝한 사이 같다. 코로나라는 두려운 단어의 공포가 엊그제 같은데 벌써 삼 년에 접어들고 이제는 그 단어의 변종까지도 그렇게 두려워하지 않는다. 사람들은 익숙해지며 대담해지는지 무감각해지는지 잘 맞추며 견디어 내고 있다. 그동안 누구를 有情유정하게 마주 보거나, 거리를 제대로 다니기도 불안했지만, 오늘은 네 명까지 모일 수 있다니 국민연금 수급자모임 관악지부 회원 여덟 명이 모처럼 만나서 두 팀으로 식사 후 동작동의 현충원의 개나리가 심어진 길을 산책하기로 하였다. 간밤의 비가 개나리와 벚꽃을 많이 떨어뜨려 벚꽃 송이가 조금 허전해 보이기도 하였다. 그래도 먼지 없고 뙤약볕이 없이 약간 선득하니 상쾌한 봄 길이었다. 이 맑은 공기에 사람과 대화하며 느긋하게 걷는 게 얼마 만인지 몸과 마음 어딘가에 붙어있는 군더더기가 떨어지는 것처럼 홀가분 해지며 상쾌하다. 몇몇이 짝을 지어 걷다 보니 어느새 늘 그랬던 것처럼 익숙한 자세가 되었다. 정문에서는 애국선열들의 영령들께 묵념하고 산당화가 발그레한 곳을 지나 쭉 길을 따라 걸었다.
 그래도 봄이라고 오달진 노란 개나리는 쉼 없이 웃으며 희망을 속삭이며 코로나에 대한 불안을 이겨낼 수 있다고 말하는 것 같다. 개나리꽃의 암수 구별은 꽃술의 길이에서 차이가 난다고 '이기석' 전 회장이 말하여 길이가 다른 꽃술을 찾느라고 한참을 눈여겨보며 꽃송이도 여러 개 따 보았다. 그러다 문득 암수가 왜 필요한 건지 가지가 땅에 닿으면 뿌리가 나는데 자연에 맡겨진 많은 것들은 수컷에 비례하여 암컷의 수가 훨씬 많았다. 언젠가 실험용 알비노 흰쥐의 새끼를 보니 그 작은 몸에서 새끼가 서너 마리에서 열 마리 가까이 까지 번식하며 그중에 수컷은 불과 몇 마리다. 나는 그런 것이 조물주의 능력이자 신의 섭리라고 생각되었다. 종족을 이어가려면 많은 암컷이 필요할 수밖에 없겠지, 도태되고 살아남는 것이 있으려면 그 숫자는 문제 되지 않을 수도 있을 것이다.

 동물의 왕국처럼 수컷들은 경쟁에서 우월하고 강한 놈이 살아남아 여러 암컷을 거느리며 살아가는 것도 정글의 질서 있는 무언의 법칙일 것이다. 그런데 이런 꽃들도 많은 암꽃에 비해 적은 수꽃으로 이뤄져 있다고 하니 신기하기만 하다. 그 개체 수가 엄청나다는 생각이 들었다. 그대로 번식을 한다면 온 산야를 뒤덮겠지만, 자연의 기후와 천재지변에 의해 생명의 분배가 알맞게 이루어지는 것 같다. 개체에 불문하고 사람의 손길로 가지런히 가꾸며 좋아지는 것도 있고 나빠지는 것도 많이 있기도 하지만 인간을 지치게 만드는 잡초의 생명력도 대단하다. 인재로 번지는 산불에서도 식물은 다시 피었다. 그래서 자연의 힘이 위대한 것이라고 말하는 데는 이의가 없는 것 같다. 스스로 씨앗을 떨어뜨려 자연스럽게 번식한다. 개중에는 무지한 사람들로 하여 몸에 이롭다고 하면 종자를 멸종시킬 듯이 산과 들을 뒤지며 다니는 사람들도 있었다. 그러나 그들도 죽음을 버릴 수 없다. 이제 좀 늦었어도 종자라도 시키고지 법의 규제까지 생겼다. 인간의 삶이 있어 역사가 이어지고 있지만, 많은 생명체는 자연에서 조절된다고 하여도 무리는 아닐 것으로 보였다.

 사람이 필요로 하는 것, 세상에 스치는 바람까지도 감사해야 하지만 태아의 성별까지 구별하는 일을 하며 인위적으로 자식을 거부하는 사람도 있다는 것, 그런 일들이 두려움이 될 것만 같다. 그러면서 사람들은 멸종이나 세상 만물이 사라진다는 것에 염려하며 공기가 들어가지 않게 변질이 되지 않는 캡슐을 만들어 깊이 보관하려 한다. 좋고 귀한 종자의 씨앗이나 과학의 원리 역사의 많은 기록, 후대에 남기고 전해져 그들에게 알리고자 함일 것이다. 글로만 남기기는 많은 이변의 걱정이 있어서인지 만물의 영장이라는 사람들은 많은 것을 연구하며 만들어내기도 하며 필요악의 존재도 이해하고 곁에 두기도 한다.

  그러나 이 작은 꽃, 노란 개나리 그것이 남기는 연교(連翹)는 사람의 몸에 무척 이로운 약재로 쓰인다고 들었는데 그래서 이렇게 많이 피고 잘 살아나는 식물이 되었는지 모르겠다. 거친 인간의 손길에서 살아남는 법을 알고 있는 것일까? 이 산책길에 보이는 수많은 꽃과 나무들의 생태와 국립묘지에 남겨진 이름, 그조차도 남기지 못한 영령들, 자연은 이율배반적이어서는 안될 것 같지만 이것도 옳고 저것도 옳은 것 같은 인간은 많은 딜레마를 가지고 살아가는 것 같다. 살면서 겪는 여러 일로 그렇게 되는 까닭인지, 많은 생물은 자연의 흐름에 따른다. 옆의 묘비들 많은 유택을 보면서 죽어서 모두 저렇게 땅에 잠든다면 지구는 무덤으로 변하게 될 것 같다. 그러나 주검은 또 다른 생명을 존재하게 하는 것이 지구일 것이다. 한철을 피고 지는 꽃잎이 바람에 마르고 날리며 사라지고 푸른 잎은 또 다른 시간의 흐름을 보여준다. 강한 생명력의 개나리는 자연을 벗어나서 살 수 없는 사람의 생각보다 더 빠르게 자연의 섭리를 알고 있는 것인지 봄을 알리는 만개한 노란 작은 꽃은 묘지에 울타리처럼 둘러 있어도 슬프지 않아 보였다. 그래서 희망이라는 꽃말을 가진 신리화(薪籬花)라고도 불리는 것일까?

백 달러의 의미

 머리 아픈 일들을 정리한 후 한숨을 돌리니 하늘의 푸른빛이 새삼스레 더 아름답게 보이며 후련할 것 같은 마음은 맥이 탁 풀리듯 나른하다. 지친 심신을 며칠간 쉬기로 하고 전화를 차단할 이유가 되는 필리핀 세부로 갔다.
 온종일 남편은 좋아하는 수영을 하고 수영을 못하는 나는 가지고 간 책『마농의 샘』을 읽으며 뙤약볕과 그늘을 오가며 식사 시간을 알려주기도 했다. 요란하던 전화벨과 억울함에 따지는 짜증의 음성, 문자 소리가 없고 세무서의 양도세에 대한 부연설명의 다툼도 모두 해소되니 숙면으로 편히 잘 수 있었다. 조용한 호텔의 창으로 먼 곳의 알아들을 수 없는 사람의 말소리는 바람에 나부끼는 잎새들의 속삭임 같은 조화로운 자연의 리듬 같았다. 그중 하루는 가이드와 셋이 오지로만, 돌아보기로 하며 가지고 간 아이들 옷가지와 학용품 등 가장 필요한 곳에 주려고 하였지만, 더 많이 가져가지 못한 아쉬움으로 마음이 편치 않았다. 기억나지도 않는 마을 이름, 가이드는 아이들에게 돈을 주지 말라고 하였지만, 너무나 열악한 상황이 마음 약한 나에게는 딜레마였다. 당장 필요해 보이는 아이에게 어쩔 수 없이 가이드 모르게 적은 돈을 주었다. 아이는 엷은 미소와 함께 돈을 쥐고는 달려갔다. 집으로 가는 듯하였다.
 가이드는 어느새 알아차리며 아내가 의료 봉사활동을 나와 있는 동안 소일거리로 안내를 하는 거라며 얼마 전 대우 계열사의 회장 한 분이 일을 보신 후 혼자 오셔서 동행하게 되었는데 백 불을 아이에게 주니 아이가 돈을 보자 사뭇 놀란 눈으로 말없이 바지 주머니에 손을 넣은 채로 나르듯이 달려갔단다. 가이드가 회장에게 왜 그리 큰돈을 주는지를 물으니 그분은 '저 아이에게 단 하루라도 행운이라는 것을 느끼게 해주고 싶었다고' 말했다며, 가이드는 집에 가서 많은 생각으로 혼자 울었다고 하였다. 그 "단 하루의 행운이" 왜 그리도 가슴이 아프던지 행운의 잣대는 어디에 어떻게 있는 것인지, 행운은 만나기 어려운 것이며 백 불이 그렇게 큰 돈일까? 그런 돈은 그들에게 쉽게 얻어지는 것은 아니며 정말 요긴하게 쓸 수도 있단다.

한창 학교에서 공부해야 할 어린아이들이 차 주위를 맴돌았다. 아이들은 너무 어려서인지 관성에 젖은 듯 그렇게 얻으려고 몰려와선 주면 받고 안주면 자존심을 접은 체념적인 눈빛으로 시선을 돌렸다. 간절한 눈빛으로 자리를 떠나지 못하는 힘 없는 여자아이들도 보였다. 어느 곳에 마음을 줘야 할지 씁쓸하고 애틋한 생각으로 마음이 아프고 우울해져 왔다.

네팔에서의 기억도 잠깐 떠 올랐다. 산비탈에서 살면서 신발이 닳을까 아까워 들고 다니며 놀 때는 맨발인 야윈듯한 작은 꼬마들이 펜! 노트!를 외치며 부탁하듯이 눈을 반짝이며 미소지었다. 네팔은 학구열이 대단하다고 하였다. 삶에 대한 애착과 희망이 보이는 느낌이 들기도 했다.

어렵기는 비슷해 보여도 육지와 섬은 달랐다. 세부에서도 오지였던 그곳은 별다른 수입원이 없고 많은 것이 아쉬운 마을, 문명도 한참 뒤진듯한 곳에서 차를 타고 다니는 동안 어디를 어떻게 보았는지 별 기억이 나지 않았다. 행복 지수가 높다는 동남아, 밑바닥 의식주도 갖추지 못한 그곳의 얘기는 아닌 것 같았다. 희망을 꿈꿀 기회조차 얻지 못하는 것은 아닌지 더 안타까웠다.

　눈망울을 굴리며 얄팍한 것이라도 손에 쥐었다고 뛰어가는 모습이 사라지지 않고, 마음이 아픈 휴식으로 바뀌어 버렸다. 산토니뇨 성당의 성모상에 간절히 기도하던 어린 두 아기의 엄마, 어떤 기도를 그리도 간절하게 했을지 숙연하기까지 하였다. 유리 조각의 모서리를 갈아서 눈에 끼우고 꼬챙이를 창으로 들고 한 끼를 위해 고기를 잡으러 바다로 뛰어드는 아이들, 그 아름답던 바다 빛이 그들의 삶이 일렁이는 듯 보였다.

　필리핀의 '프레디 아길라' 라는 가수, 그는 필리핀의 고유어인 타갈로그어로 anak(자식)이라는 노래를 불러 세계적으로 유명해지며 시인이자 배우가 되고 아낙 재단의 총재로서 현역에 있다. 1990년대 중반에는 필리핀 젊은이들의 우상이자 선망의 대상 영순위가 되었고 아낙이라는 노래는 거리 어디서든 울려 나왔었다. 그러나 그 오지에서는 어디에서도 그 노래는 들리지 않았고, 알지도 못하는 것 같았다. 너무나 열악한 환경, 희망이나 야망의 눈빛을 볼 수 없었지만, 아이들의 눈망울이 선하고 큰 욕심 없이 웃는 것이 더 가슴 아팠었다. 그들에게 어떤 꿈도 주지 못하는 나 자신의 삶이 더 고통스럽게 느껴졌다. 자신 없는 쓸쓸한 미소와 용기 있게 다가오지 못하고 맴도는 모습들이 가끔 바람처럼 기억 속에 스치면 마음이 심란해진다.

　집을 나와 걸어가는 길, 주택가에 돈까지 내며 버리는 아직도 쓸 수 있는 물건을 자꾸 쳐다보게 되었다. 우리가 젊은 날 살던 모습과는 다른 지금의 젊은 사람들의 생활방식을 나무라는 것이 아니다. 너무나 빠르게 더 좋은 신상품이 개발되어 나오니 더 편리함을 추구하기에 이전에 쓰던 물건이 밖으로 나오게 된 것인지, 선풍기와 수납장, 아기용품 등 새것을 사려면 그 아이가 들고서 뛰어간 돈으로 살 수 있을까?

돈으로 모든 삶이 해결되는 것은 아니지만. 그래도 많은 것을 누릴 수 있는 세상이다. 지금쯤 그 아이들이 어떤 희망을 이루며 성장했을지 아까워 보이는 물건을 보니 그때의 열악했던 기억이 떠오른다. 백 달러보다 더 큰 행운과 희망으로 자라 있기를 바라며 마음 한 곳이 텅 비어져 돌아왔던 쓰린 기억이다. 젊은이들의 삶이 희망과 행복으로 채워지기를 바라다보면 마음이 무거워질 때가 종종 있다. 그러나 6.25 동란의 폐허에서도 일어선 우리를 생각해본다. 삶의 모습들은 천태만상인 고뇌의 짐을 제각각 짊어지고, 태어난 것에서부터 어떤 부류의 어떤 모습일지라도 주어진 몫을 이겨내고 살아나가는 것이 인생이라고 말하는 것인 것 같다.

제2부

나의 기억

팔십으로 가는 기로

눈은 안압이 오르고, 고열에 오한으로 으슬으슬 움츠러진다. 이러다 죽는 건 아닐까? 오미크론은 아니겠지 내심 불안하고 정리되지 못한 여러 일 들이 혼란스럽다. 더 많이 정리하고 단출하게 살아야겠다는 생각에 내 물건들을 많이 정리하기도 했다. 기약 없이 남은 시간, 아파하기에는 아까운 억울한 시간이다. 병원에선 의사 선생님은 청진기를 쓰지 않으셨다. 가까이 앉을 수 없기 때문인가? 체온만 체크 하고 "목이 아프냐 기침이 나느냐?" 상태를 묻기만 하시고 미소지으셨다. 나는 작화 현상처럼 열과 오한이 심하다고 말했다. 약 처방을 받았다. 오미크론은 목이 심하게 아프다고 하신다. 삭신이 내 몸 같지 않아 자리에 누워 끙끙 앓는다. 갑자기 생각났다. 아, 나는 편도선을 수술로 제거하여 목이 아프지 않은 것이다. 이불 속에서 뒤늦게 중얼댄다. "선생님, 편도선이 없어서 목에 통증이 없는 겁니다". 아무도 늘어수는 이가 없다. 왜 그 얘길 하지 못했지? 편도선 없이 살아온 반세기, 오래전 수술이라 잊고 살았다.

약 기운에 아픈 몸이 착 가라앉는다. 천장에서 낯익은 얼굴들이 어른거린다. 어머니는 아파서 누워있는 어린 나에게 말을 하신다. "에그 어씨 그리 자주 아프니! 아버지 친구분 오셨디." "옹　고무줄" 교무주임 선생님을 어린 동생이 잘못 말한 것을. 나는 그렇게 부르고 있었다. "쟤 또 아픈가요? 한 선생! 술을 먹고 만들어 쟤가 저렇게 비실비실한 거 아니오?" 어머닌 아이들 듣는데 말을 가리라고 하셨다. 아버지와 고무줄 선생님은 소주 한두 잔씩 하셨다. 4개 국어를 하시는 아버지가 번역해 놓으신 중국어 한약재 상자와 영어를 번역한 의약품 설명서를 받으러 오신 것이다. 나는 누워서 내 몸속에 술이 들어가 있어서 자주 아픈 것으로 생각하였고. 어머니가 나무라시니 고무줄 선생님이 나쁜 말을 하신 것 같아 고무줄 선생님의 술 취한 목소리가 듣기 싫어졌다. 고무줄을 세게 당겼다 놓을까? 그러면 새총의 돌처럼 가시려나! 장난기 많은 난 아픈데도 피식 웃었다.

 어머닌 나를 데리고 한의원 몇 군데 가서 건강을 물으신다. 자손 생산하기 어려운 건강이란다. 두 곳에서 물으신 어머니 충격을 받으신 듯 신발의 무게가 점점 무거운 듯 걸으시며 얼굴에는, 수심이 가득해지셨다. 나는 아무 말도 귀에 담지 않고 남의 일처럼 깊이 생각지도 않았다. 마지막으로 중국인 한의원에게 한 번 더 물으시겠다신다. 중국인 한의사는 체질과 사주 역학을 함께하여 진찰하였다. "결혼시키셔도 됩니다. 조금 늦을지 모르나 아들만 출산할 것 같군요" "우리 딸아이 건강은 어떤가요?" "평생 골골하여도 남의 손 안 빌리고 잘 살 거니 걱정하지 마시오, 지혜로운 강한 꾸냥 입니다" "사는 거는요?" "잘 살겠는데요 걱정 안 해도 되겠어요" 어머니는 원하시던 답이 나왔는지 얼굴에 화색이 돌며 연신 웃고 계신다. 아버지의 보살핌으로 결핵이 완치된 건 칠 년이 넘는 일이었다. 어머닌 내심 그 일을 많이 걱정하신 모양이시다.

 흑염소 즙, 송치 즙을 해 오신다. 몹쓸 딸은 먹기가 지겨워 어머니 가시면 하늘 같은 사랑에 죄송하지만 하수구에 쏟아 버린다. 그러고는 어머니에게 미안하고 죄책감에 싸여 가슴 아파한다. 힘겹게 들고 오신 어머니 모습에 눈물 한번 훔친다. 계속되는 어머니의 간절한 기도 덕인지, 다행히 임신이라고 하니 다시는 흑염소 같은 중탕을 하지 않으셨다. 조금만 무리하면 열이 자주 났고 남편은 출장이나 퇴근길에 집 대문에 다다르면 혹시? 또 응급실에 가지 않았나 하는 '기대 불안증' 증세가 생겼단다. 하루는 의대 학장이신 셋째 외숙부님 댁에 갔다. 남편은 "애들은 어린데 집사람이 자주 아파요" 하며 걱정하듯 투정하며 고자질을 하는 것 같았다. "조 서방, 일병장수일세 골골 팔십이라고 저렇게 자주 병원 다니는 사람은 무슨 병이 든 일찍 발견할 수가 있으니 건강한 사람보다 더 오래 살아" 아픈 조카의 민망함을 속담처럼 때우셨다.

조 서방은 그 말에 기분 좋은 미소를 지었다. 홀아비 소리 안 듣고, 장수 하겠구나, 아님, 오래도록 가죽과 고기까지 내어주는 소처럼 군말 없이 살림 살아 주겠구나, 생각했는지 나도 싫지는 않았다. 크고 작은 병으로 병원을 드나들며 조바심도 많았지만, 지친듯하면서도 팔팔한 맘으로 나이를 잊고 있었다. 그때는 그렇게 살면 장수하는 것인데 무슨 원이 있겠나? 하였지만 지금은 백세시대라고 하지 않는가? 참, 그동안 명줄이 길어도 진 것이다. 아직 팔십도 채우지 못했는데, 잘 살든, 못 살든 남은 세월 다 채울 수 있을까? 먼저 간 동생과 올케가 가엾다. 잔병 없던 올케는 아프다는 소식과 부고가 연이었다. 이 좋은 이승을 그렇게 가야만 했었는지 어린것들을 두고 가는 마음이 오죽했을까! 떠나면서 했던 말 "형님 울지 마세요" 아직도 들리는 듯, 그때는 가슴이 미어졌던 말이었다. 또 슬퍼질 것 같다. 언감생심이지 나야 여기까지 온 것도 다행이고 감사하게 살았지 억울할 것도 없는데 채울 것도 없지 않나! 약 때문인지 기력 없는 몸은 자꾸 바닥, 그 아래로 깊이 내려앉을 듯 모든 힘이 사라진다.

내일은 자가진단 키트를 꼭 해봐야지 백신을 삼차까지 다 맞았는데 아닐 거야, 그때 그 중국인 한의사는 정말 용한 점쟁이였었나? 대충

맞췄으니 말이다. 일어나면 발목 다치기 전에 아직도 신고 있는 듯한 욕망의 빨간 구두를 벗어 던지고 짐도 최대한 더 줄여야지, 천하장사도 들지 못하는 천근만근의 눈꺼풀이 덮인다. 모든 기억과 생각의 의미를 잃어간다. 이렇게 괴로운데 그저 내일 해 뜨는 거나 알 수 있게 눈이나 떠지려나, 노쇠하셔서도 자식들 생각만 하시던 고운 매의 어머니가 떠오른다. 가슴이 아프고 그 손길이 그립다. 그렇게 보고 싶던 어머니와의 만남이 아직은 그냥 그리워만 하고 싶은 것은 무슨 마음인지 떨치지 못하는 이 삶, 아직은 어린 손주 손녀들을 안아주고 사랑해줘야 하고 큰 손녀에게 예쁜 글도 써줘야 하는데- 거미줄 같은 끊어지지 않는 허상이다. 고열과 약의 기운으로 생사의 분별없는 희미한 수면의 늪으로 빠져든다.

기도

 십이월 동지였다. 팥을 삶고 찹쌀 옹심이를 만들다 부고를 받았다. 서둘러 끝내고, 늦었지만 장례예식장으로 갔다. 얼마 전 병문안이 마지막이 되었다. 큰 누나인 우리 어머니도 살아계시는데 막내 외숙부가 먼저 가신다. 귀향의 승선은 항상 임시 배들이 부족함 없이 대기하고 있는 것 같다. 외숙부가 병석에 누우신 후 수발을 맡은 외숙모까지 건강을 잃게 되자 요양병원에서 여생을 보내게 되었다. 어쩔 수 없는 선택이었다. 긴 병석에서 정신도 혼미해지자 가톨릭 신자인 외숙모는 점점 주님의 부름에 의탁하셨다. 오늘 동지가 지나면 새해가 시작되는데 남편의 긴 병고가 계속되고 있는 것이 가엽다는 마음에 아무 도움이 되지 못해 무력함을 느끼다 달력을 보며 기도하셨단다. "주님 저 형제를 고통 속에 두고 올해도 그냥 가시나요?" 기도를 마치자 요양원으로부터 다급한 연락이 왔다. 그렇게 넷째 외숙부는 동짓날 선종하셨다. 오랜 시간 병석의 안타까움으로 슬픔이 희석되어서인지 그다지 힘들지 않았고 응답을 받아 고통이 멈추었다는 것에 기뻐하지는 않았지만 그리 슬퍼하지도 않았다. 신앙의 힘으로 믿음에 맡기는 듯 순명으로 받아들였다.
 외숙모는 꼼져누워 계셨지만, 외사촌들은 큰 아쉬움이 없는 듯 긴병에 더 나빠지는 노환에서 벗어나신 것을 다행으로 생각하였다. 모인 외사촌들과 얘기는 끝날 줄 모르고 이어졌지만, 인생의 연륜이 조금씩 쌓여있는 듯 어릴 적 모습들이 희미해졌다. 늦은 밤 귀가하며 모두가 웃음으로 얘기하던 짧은 기도 말은 외숙모의 깊은 마음의 기도였을 거라는 생각이 들었다.

  우리 집에 몇 년간 계시며 집안일을 돌보아주신 경북 칠곡의 할머니 기도가 떠올랐다. 할머닌 시간만 나면 묵주 기도를 하시는 분이셨다. 할머니가 산후에 몇 해를 아플 때는 할아버지가 산을 헤매며 좋다는 약초를 캐다 달여준 냇내 베인 쓴 약물이 드럼통 하나는 될 거라고 하셨다. 그 정성에 할머니가 나으니 할아버지가 아프기 시작하셨단다. 시골서 전답을 팔아 도시의 병원을 전전하며 가 보아도 차도가 없었던 1970년도 암이었다.

  할머닌 조용히 질 좋은 안동삼베를 구하여 여러 번 빨고 말리고 반복하여 모시처럼 고운 색이 나고 부드럽게 하여 최상품 수의를 만들기 시작하며 기도하셨단다. "주님! 우리 집 양반 나을 병이면 빨리 일어나게 해 주시고 못 나을 병이면 고통 없꾸로 하루속히 데려가 주이세" 성호 긋고 아멘! 수건을 입에 물고 고통을 참는 것을 볼 수가 없었다며 진통제도 소용이 없었다고 하셨다. 기도 속에 솜씨 좋은 할머니의 바느질로 수의가 정갈하게 완성되어 갈 때, 할아버지는 짧은 잠에서 깨어 "임자 보래이 내가 꿈을 꾸었는데 사람들이 낼로 보고 '아이고 좋은 옷 입으싯네요' 하면서 옷에서 환하이 빛이 난다꼬 모두가 부러버 하더라꼬, 내사 마 기분이 되게 좋아 가꼬 여가 어덴교? 하고 물어 본께 네 예쁜 얼라가 천국 이라쿠데 대게 깨끗고 좋은 동네 드라꼬" 천사를 본 것 같은 꿈 이야기를 하셨단다. 수의의 열아홉 가지가 모두 반듯하게 갖춰서 완성된 날, 겨우 몸을 일으키신 할아버진 할머니가 보자기에 싸시는 수의를 만져 보시며 할머니에게 "누런 삼베가 어찌 모시보다 더 곱네 수고 했고마 이리 좋은 옷을 맨들어 주가 참말로 고맙구로 잘 입겠네" 하시고는 종부성사를 보고 싶다고 하셔서 신부님 모시고 종부성사도 하시고 그 밤의 새벽잠에 가셨단다. 입고 갈 옷이 다 만들어질 때를 기다리신 것처럼 할아버지는 마음을 전하고 입으신 것 같았다.

  나는 그 얘기를 들으며 가슴이 망치에 맞은 듯했다. 사랑은 배우고, 있는 자들만 하는 줄 무의식 속에 거만한 맘을 가지고 있었던 우를 뉘우치며 누구에게도 입 밖에 내 보지 않았던 일이지만 기도 속에 깊이 사죄하였다. 내 나이 서른다섯이었다. 두메산골 시골 할머니의 장수를 누리지도 못한 남편에게 정성껏 제일 좋은 옷을 손수 만들어 입히고 싶은 다솜한 마음을 그려보며 사랑의 깊이를 다시 생각했다. 아들이 아버지를 잃고 당신이 남편을 잃는데도 통곡보다는 아픈 것을 낫게 해 줄 능력이 없었던 자신의 무능함에 더 슬퍼하셨다. 그 고통에서 벗어난 것에 안심하고 주님에게 남편의 안위를 부탁하며 천국에서의 재회를 기다리듯 할머니의 기도는 잠들기 전에 잊지 않고 계속하셨다.

  애끓는 심장의 가시 같은 사랑 내 모든 것을 다 주고 싶음을, 횡설수설 사랑의 정의를 내릴 줄은 모르신다. 그저 지아비에 대한 깊고 짙은 애정의 표현이다. 가장 편하게 해주고 싶어, 자신은 더 많은 고통을 감내함을 두려워하지 않는 선택의 기도를 하신 할머니! 신과의 교감을 알고 있으신 것 같았다. 사랑은 큐피드의 욕정으로 태어나서 혈족 애로 양육되며, 상대를 위함으로 다듬어지고 아가페의 거룩한 절대적인 사랑으로 완성되는 것이라고 하였던가. 죽음이 함께하며 마무리되는 사랑의 순회 속에 사는 것이 인생의 굴레 같다. 죽음 앞에 절규의 눈물을 쏟는 것은 자기 설움이 가장 이기적인 것은 아닌지? 다시 의미를 두어보게 된다. 사랑! 기도! 삶 속에 가득 담겨 있는 것을 다 쓰고는 갈 수 있는 것일까?

기억 속 바다

 탕 탕 탕! 총성이 빗발치듯 들린다. 어디에 총알이 날아올지 두렵다. 모두 죽은 듯이 엎드려 살아서 갈 수 있기를 간절히 기도한다. 네 살 짜리 오빠와 돌이 지난 나를 업고서 흥남 부두에서 금가락지와 은수저 가족사진만 챙겨 손수 수놓은 보자기로 고리짝 봇짐을 싸서 들고 배를 탔다. 문관이신 아버지는 미군의 통역관으로 해군함정에 남아있으시고, 어머니는 6.25 전쟁이 길어지자 작은 배로 동해안을 따라 남쪽으로 피난길에 오르신 것이다. 그때 어머니의 큰동생인 둘째 외숙부께서 직업군인으로 2군단에 장교로 복무하여, 연고가 있는 경주의 어느 집에서 모두 만나기로 하고 어두워지기 전에 배는 출항했다. 출항하면서부터 덜덜거리다 기계가 고장 나버린 배는 어둠이 짙어 갈수록 출렁이는 파도에 난파선처럼 띄워졌으며, 시동이 걸리다 멎었다 수차례 반복하며 모두의 애간장을 녹일 때, 뱃머리 쪽의 한 분이 꿈을 꾼 건지? 헛것을 보았는지 조용하게 "우리 모두 살 수 있을 것 같아요, 아주 밝은 빛이 남쪽을 쭉 가리켰어요" 하였단다.

 어둠에 무엇도 분간하기 힘든데, 난사되는 총성이 들리자 하늘의 도움처럼 시동이 걸리며 배는 멈추지 않고 그대로 동해안을 따라 긴 시간을 와서 경주로 갈 수 있는 작은 바닷가에 다다랐단다. 하루해를 걸어서 찾아가셨다며 지금의 감포 근처 같다고 하셨다. 겁 없고 인정도 없는 거친 밤바다에 내몰려 살아나온 피난민들은 하느님께 부처님께 바다에 감사하며 서로의 안녕을 빌어주며 갈 길로 헤어졌다는 어머니의 말씀이셨다. 트라이턴트를 들고 종횡하는 신화 속 바다의 신 포세이돈도 포성에 놀라 멈칫했을 어둠에 추위와 두려움은 살아야 하는 간절함으로 이겨낼 수 있었을 것이다. 심장의 소리가 오롯이 기도에 담겨 수호천사가 그 배에 함께 머문 것 같은 은혜로운 얘기였다. 총성과 거친 파도의 흔들림이 실루엣처럼 기억 속에 잠재된 듯 나는 물을 두려워하면서도, 겨울 바다를 무척 좋아한다. 나를 살아있게 하여준 고향인 것처럼 늘 먼 곳의 파도를 느끼지 못하는 내게 노스텔지아의 손수건을 흔드는 듯한 출렁이는 바다를 보면 나는 마음이 평온해지기도 하며 가느다란 그리움이 슬픔으로 흩어지기도 했었다.

 갯바위에 철썩이는 저 파도의 절규, 물새들의 지친 날갯짓의 언어, 내려치는 파도의 눈물을 꿋꿋이 닦아주는 갯바위. 그것은 동족의 상처와 실향의 고통을 이겨낸 삶의 모습이다. 바다 위를 기웃대는 고뇌에 찬 갈매기의 모습은 홀로 앉은 나를 보게 하고 있다. 깊이를 알 수 없는 이 바다는 많은 생명을 거두어 가기도 하고 무궁무진하게 내어주기도 하는 곳, 나를 살려서 보내주기도 하였고 살아갈 수 있게도 하는 것을 살면서 체험하고 있다. 끝없는 고통을 감내하며 내어주는 파도의 음이온, 그 숱한 생물들 석유, 소금, 우리네 삶에 없어서는 안 될 생명의 보고이자 나의 정서다.

 제우스는 하늘을, 포세이돈은 바다를, 하데스는 지하를 관장하며 나누기 힘든 이 지상은 신(神)들의 공유물이라고 신화 속에서 얘기한다. 신들의 공유물이 되어버린 땅을 인간이 지배하려 하니 무수한 형태의 모습들로 어지럽다. 그것은 바로 전쟁이었을까 그래서 지켜야 하는 법과 질서가 필요했던 것인지 유월의 악몽 같은 전쟁은 역사 속으로 흐르고 고통은 가슴으로 스며들어 깊은 상처로 남았다. 함경도의 흥남부두에서 부산의 절영도까지 이어진 나의 생명, 통일! 나는 기다릴 수 있을까? 점점 잊혀 가는 고향의 이야기들, 나는 파도에 묻는다. '내가 타고 왔던 뱃길로 다시 돌아갈 수 있는지를' 나의 목소리는 점점 신음처럼 변하고 있다. 배에 함께 타고 왔던 가족은 나를 두고 모두 고향을 그리며 떠나갔다.

그들을 보내며 한없이 울고 싶었지만 출렁이는 파도는 내게 말했다. "이 험한 파도를 이겨 여기까지 왔으면 갯바위처럼 살아보라고, 너의 눈물은 이 바다의 한 알의 모래알도 만들 수 없다고" 나는 울음을 멈추었다. 파도 속으로 사라져 버린 정들은 차디찬 바다의 어디에서도 찾을 수 없고, 고향이라는 단어는 전쟁으로 찢기어져 파도를 따라 출렁대기만 할 뿐 내게 오지 않는다. 영혼까지 젖게 하는 사랑은 잡을 수도 볼 수도 없지만. 풍랑의 파도는 나를 부산까지 힘차게 밀어 보내, 내가 여기에 성실한 삶으로 있게 함을 눈물로 감사한다.

작은 배를 타고 왔던 어머니가 들려주신 이야기를 나는 마치 눈으로 본 듯이 머릿속에 그린다. 그 옛날 어머니의 품에 안겨서 파도를 이겨낸 시간이 그리워 종종 꿈을 꾼다. 아름답고 신비한 바닷속에서 나는 인어처럼 헤엄친다. 바닷속이 이렇게 아름답다니 영원히 생채기 나지 않게 가꾸고 마음껏 다니고 싶다. 그 속에서 생각한다. '나는 수영을 하지 못하는데 왜 이렇게 헤엄을 잘 치고 있지?' 깊은 바닷속의 아름다움에 한없이 빨려 들어가며 흥남 부두까지 헤엄쳐간다. 이것은 나의 삶이자 꿈이다. 어머니의 자궁 안 내 집처럼 생명을 지켜 주었던 바다, 파도 같은 희로애락의 눈물과 웃음은 가슴으로 파고들며 긴 세월 사랑하며 살 수 있게 여기까지 밀어주었다.

날아가는 새

 밝은 햇살이 따사로운 한낮에, 푸드덕, 푸드덕 톡 톡. 창문을 두드리는 낯선 소리가 자꾸 난다. 베란다를 내다보았다. 시원한 바람 들어오라고 작은 문을 열어 놓았다. 손님은 방향을 잃고 베란다로 날아든 귀여운 어린 새였다. 들어온 문을 잊고 뒤를 돌아볼 줄도 모른다. 앞으로만 날려고 한다. 닫힌 창문으로 아무리 날려고 해도 부딪히기만 한다. 왜 새 머리를 대가리라고 말하는지 알 것 같은 생각에 실소가 나왔다. 작은 새, 등은 회색에 배는 노랗고 목은 흰 줄이 아직은 그리 짙어 보이지 않는다. 찢어진 듯한 눈이 애처롭다. 한강도 가깝고 숲이 많은 곳이라 가끔 보이는 노랑 할미새 새끼인 것 같았다. 어쩌다 혼자가 되었는지 잡아서 놓아 주려다 어린 날 생각이 나서 만지지 않고, 톡톡 부리가 다칠 듯이 쪼아대니 원하는 창문을 열어 주었다. 망설이지 않고 소리 없이 휙 날아서 앞집의 지붕에 앉는다. 고맙다는 인사인지 안전하다는 뜻인지 아름다운 소리로 피핏피핏 거리며 나를 보는 듯하다 다시 날아갔다. 많은 소리 중에 새 소리 만큼 아름다운 소리도 없는 것 같다. 나의 마음은 새소리를 따라간다.

 초등학교 다닐 때, 한 해 동안 쓸 장작을 쌓아놓는 곳간에 작은 참새 한 마리가 비를 피해 날아들었다. 장작 사이에서, 나오지 못해 푸드덕거리는 참새를 잡아다 동생들 보라고 방 안에 놓았다. 좁은 방에서 제대로 날지 못하는 새를 신기하게 보며 좋아했다. 아버지가 들어오시다 놀라시며, 어떻게 잡았느냐며 자유로운 산새를 집안이나 새장에 가두면 곧 죽을 수가 있다고, 넓은 밖에서 그대로 살게 두어야 한다며 창문을 열고 날아가게 하셨다. 애석한 마음으로 날아가는 새를 보고만 있었다. 그때 가정부 언니는 여자가 새를 만지면 그릇을 깨트린다며 언니네 고향 장승포에선 여자들은 새를 못 잡게 하였단다. 요즘은 도시에서 참새 보기가 힘들지만, 육칠 십 년 전에는 참새 떼가 정말 많았다. 아침만 되면 나무숲에서 쨱쨱거렸다. 너무 많아 새벽잠 깨우는 참새떼가 시끄러울 때도 있었다.

저녁상을 차렸다. 나는 국 사발을 받아 상에 놓으려다 그만 떨어뜨려 깨고 말았다. 어머닌 쏟아진 국과 사기 조각을 치우시며 "다 큰애가 손이 물 알처럼 힘이 없느냐"며 똑바로 들으라고 하셨다. 미안하고 무안하여 꾸역꾸역 밥을 먹으며 닭의 알 말고 물 알은 어떤 건지 궁금했지만 그릇을 깬 염치에 물어볼 수가 없었다. 식사 후 상을 물리다, 또 쨍그랑! 부엌으로 그릇이 떨어졌다. 이번엔 동생이 작은 양념 종지를 떨어뜨렸다. 어머닌 "애들이 오늘 왜 이러니" 하시며 사기에 다치지 않게 비키라며 조심시켰다. 언니는 부엌에서 나를 보며 '봐 내 말 맞지!' 하듯이 소리 없이 큰 입을 더 크게 혀를 반쯤 내밀고 얄밉게 눈웃음을 짓고 있었다.

그 후, 새를 다시는 만지지 않았다. 많은 경험에서 옛말로 전해져 온 거라면 그때의 여자애들은 귀한 사기그릇을 깨고 무척 혼났을 것 같다. 요즘 아이들은 새에게 별 관심이 없는 것처럼 보인다. 관심거리가 너무 많기도 하고 해야 할 것들도 많은 까닭이다, 풍족하지 않았던 우리 어린 시절은 자연이 모든 놀이기구였다. 4학년 겨울방학이 시작되던 날 남자아이들이 6.25 전쟁 후 구호물자로 받은 미제 손전등을 세 개 들고나왔다. 달이 밝은데 그림자놀이는 하지 않고 여자애들에게 손전등을 주며, 뒤 언덕 나무의 잠자는 참새떼에 비추라고 하고는, 저들은 새총에 콩을 끼우고서 잠자는 새를 향해 콩알을 쏘았다. 돌을 줍기 싫어 어머니 모르게 서리태 한 줌씩 쥐고 온 것이란다.

　잎이 떨어진 겨울나무의 새들은 세 군데서 비추는 전등에 눈이 부셔 꼼작하지 못했다. 여러 마리가 나무에서 떨어졌다. 상급반 애들은 새총의 고무줄을 당겼다가 놓으며 열심히 콩으로 쏘아대고 어린 애들은 떨어진 새들을 빈 활명수 상자에 주워 담았다. 어느덧 작은 두 상자에 가득했다. 참새들은 아닌 밤에 홍두깨 같은 벼락이었을 거다. 남자애들은 새를 들고 포장마차 아저씨에게 갖다 주고 분홍빛 구겨진 돈 오십 환(그때의 화폐단위)을 받아 우르르 구멍가게 만화방으로 갔다. 한 열권을 읽어볼 수 있었을 거다. 돌려가면서 읽으면 밤새 볼 수 있다. 여자애들은 조금 놀랐는지 모두 집으로 갔다.

　그때는 생각지 못했지만, 여름새는 기생충 때문에 먹을 수 없고, 겨울새는 구이를 하여 노점에서 술안주나 간식거리로 팔렸던 거였다. 그래서 많은 참새가 사라져 지금은 도시에선 흔히 볼 수 없는 새가 되었다. 논밭에 뿌려진 농약도 한몫은 하였을 것 같았다. 요즘은 유기농이라는 자연으로의 진행이 이루어지고 있다. 많은 것을 잃어야만 소중한 자연의 법칙을 알게 되는 모습이다. 나는 전등을 들고 잠자는 참새의 눈에 열심히 빛을 비추었던 기억을 떠올리며 새들이 날아가며 주차장의 차 위에 떨어뜨린 새똥을 사죄하는 맘으로 불평 없이 닦는다.

　새소리가 듣기 좋고 자유로이 나는 새들을 바라보며 새처럼 자유로이 날고 싶은 젊은 날의 욕망은 언제인지 모르게 꾸어본 적이 없는 꿈처럼 잊었다. 철없던 시설 무리 지어 다니며 벼메뚜기 콩메뚜기 잡고 참새도 잡고 깔깔대던 일이 철드니 살생이라는 낱말의 의미에 마음이 무겁지만, 그 시절 친구들과 들판을 뛰놀던 나의 영혼은 행복한 날들이었다. 이 나무 저 나무 옮겨 앉으며 지저귀는 새, 마음대로 날 수 있는 쪽빛 하늘이 넓은 것에 나는 새삼스레 안도한다. 많은 일이 지나고 나니 건강하기를 바라던 어머니의 꾸중이 헝겊 막대처럼 단단하지 못한 자식을 걱정하였던 의미였던 것을 알게 되었다. 너무 늦었지만 지금은 사무치게 그리운 그 지청구 소리가 새소리처럼 아름답지도 않았지만, 부드럽고 따뜻한 산들바람처럼 너무나 그립기만 하다.

날지 못한 비익조

 소슬바람이 볼을 스치거나 바람비가 얼룩 거리는 창을 보노라면 문득문득 스치는 선득한 바람처럼 가슴이 시려진다. 아프게 떠오르는 지울 수 없는 기억의 얼굴 어질어 터진 큰 눈의 피부가 하얗고 머리가 비상하다는 말을 듣던 남자, 교과서를 받으면 그날 읽고서 다 외워대며, 4b 연필을 움직이며 바람 속 소나무를 그리는 손재주를 가진, 그가 그렇게 좋아한다고 하던 그녀, 들꽃 향기가 날 것 같은 청초한 그녀를 가슴에 한 번이라도 품어 보았을까? 아니면 가냘픈 손끝이라도 한번 잡아보았을까? 긴긴 세월을 외눈의 새가 되어 한 곳을 바라보며 홀로 있던 그는 꿈만 꾸고 있었던 것일까. 늘 담 넘어 남의 일처럼 아파하는 오빠의 모습을 슬쩍 비켜 가는 눈으로만 바라보았다. 어느 날 무심히 들었던 오빠의 중얼거리는 푸념들, 둘이 나눠도 뜨거운 사랑을 혼자서 부둥켜안고서 가슴을 태웠으니 얼마나 쓰렸을까? 반쪽의 눈으로 같이 날고 싶은 반쪽을 바라만 보며 상처받을까 두려워, 꺼내지 못한 종이처럼 구겨져 버린 용기에 휘둘리던 고뇌의 나날, 나는 사랑이 무언지 몰라도 왜 그녀에게 가서 재가 될 듯이 애타고 있는 그의 마음을 전해주지 못했는지. 나의 무지와 무심함이 가슴이 아파지며 지난 시간의 안타까움이 한으로 남았다. 나는 왜 빨리 철 들지 못해 이런 회한을 안고 있는지

 오랜 날을 같이 날고 싶어 퍼덕이던 한쪽 날개마저 접어야 했던 그, 그는 그렇게 두 사람이 나눠야 하는 사랑을 혼자 목메다 상사화로 타

버린 것이었다. 끝끝내 두 눈을 마주하지 못한 사랑, 얼마나 한스럽고 억울한 생이었을까? 떠나는 마지막 길에는 미국의 셋째딸 집에 가신 어머니를 찾으며 움직이지 않던 영구차의 땅에 붙어버린 바퀴를 믿을 수 없었던 나는 무너지는 가슴에 숨을 쉬기조차 힘들었던 기억을 영원히 가슴에 안아야 했다. 누구의 기억에 새겨서 아파하게 할 수가 없어서 혼자의 기억으로 스산한 바람이 스칠 때면 가끔은 심하게 가슴을 후벼댄다. 부는 바람에 재마저 흔적을 잃은 후 남의 시선을 두려워하던 '금순'이란 그녀는 아픈 듯 미소를 지으며 말했다 "너의 오빠 나를 좋아한다고 하던 착한 사람인데"— 깊이 감춘 댕기처럼 말하는 그녀에게서 오빠는 가시나무에 찔린 슬픈 새였다. 그녀의 눈물이 흐를듯한 미소는 나를 더 괴롭혔다. 건강을 잃은 그녀도 불행하였다.

  세상에 없는 그 두 사람을 기억할 때마다 심장의 통증을 느끼며 가슴을 저민다. 한쪽 눈을 찾아 푸르른 창공 위를 함께 나르는 꿈을 이룰 수 없었던 그들의 기억을 더듬으며 나는 왜 그들을 위해 아무 용기를 내지 못했던 가에 오래도록 방황하였다. 기억의 책임과 정에 헤맨 나의 괴로움은 성장의 시간이 흐른 후 잘못이 뭔가를 알게 되었을 때 그것은 인생의 한 조각 가달석일 뿐이었다. 다 이뤄진 부유함에서 안주하지 못하는 어른들의 자식을 위한 포장된 욕망으로 외부보다 내부의 벽에 막혀 가족에게서 지울 수 없는 절망스러움을 느끼기도 하였다. 가해자와 피해자를 구별할 수 없는 가족의 기억은 나에게 긴 날을 우울을 안고 가게 하였다. 봄꽃 같은 울타리 안의 깊은 사랑 너머로 불화와 죽음, 병마와 이별 형제의 고통 고고한 친척들의 염려, 나는 일어나야만 하는 가림새 자존감을 누구에게도 말하지 않았다. 뭐가 그리 즐거운가, 라는 의문이 어떤 시선도 부정으로 멈추는 나날이었다. 원망할 누구도 없었다. 형제의 상실을 견디기 힘들었고 어쩌면 너무나 일찍 생각의 늙은이가 말을 잃은 것처럼 누구에게도 그 얘기를 꺼내지 않았다.

　희미한 기억의 동생들도 서로에게 상처 될까 침묵하는지도 모를 일이다. 사랑, 탄생 죽음 어느 것도 순서가 없고 원하는 대로 되는 것이 아니다. 생에서 엮어지는 것이다. 삶은 혈육의 끈으로 깊은 애정과 슬픔, 기쁨을 알게 되지만 인간의 삶은 비익조의 고통처럼 모자람을 채우려고 허덕이다 날개를 접는 것일까, 그래서 슬퍼하게 만드는 것인지 잠드는 것처럼 운명이라고 받은 체념과 책임의 회피를 긍정으로 하기까지 오랜 날 괴로웠다. 환생과 윤회를 믿어보며 못다 한 인연의 한을 다시 엮어 보고 싶어 상상의 많은 꿈을 만들어 스스로 위로하며 살아가고 있었는지, 사는 것이 일장춘몽이라면 쓰라린 기억을 언젠가 꿈에서 깨어난 것처럼 침묵만이 비익조의 슬픔을 바람이 몰고 지나간 이야기로 잊을 수 있는 것이 될까, 혈육의 아픈 기억은 망치로 때리며 박은 깊은 못이 되어 아픈 상처로 차가운 바람에 흔들리는 나무처럼 잎이 하나씩 떨어질 때마다 아파해야 했다. 그 슬픈 오빠는 나에게 짐을 안긴 것을 미안해했지만 나는 살아있어서 슬퍼했다. 눈물을 흘려도 이승은 이렇게 좋은 것인 것을 이곳에 내가 있다는 것을 기억이나 할 수 있는지 아문듯한 상처가 내 인생 찬바람의 계절을 느끼니 지나간 일들이 자꾸 가슴을 밀고 떠오르며, 그들을 만나게 되는 날 나는 어떤 변명을 해야 할지 답을 찾지 못하고 있다.

내 마음 파도가 되어

 떠난 지 오래되어 많은 환경이 시대에 맞춰 변하여버린 부산이다. 국제시장, 영도다리의 모습, 바다의 내음을 잊지 못하는 것은 어쩌면 나의 정서 속에는, 베개 속의 고향처럼 눈 감으면 보이고 들리고 맡아지는 냄새들과 소리가 있어서 일지 모른다. 성당에서 부산 광안리에 있는 성 베네딕도 수녀회로 避靜(피정)을 왔다가 남은 시간 가까이 있는 해운대 동백섬 길을 산책하며, 들리는 파도 소리에 걸음을 멈추고 섬 아래의 바닷가를 내려다보았다. 20년이 넘도록 부산에 살면서 손에 꼽을 정도로 몇 번 와보지 않은 해운대 동백섬이다. 그래도 이상하리만치 친숙하고 안락함을 느끼게 하는 것은 부산이라는 이름 속에 있다는 것 때문인지 아니면 바다에서만 느껴지는 오존의 향 때문이었는지.
 멀리 보이는 바다의 물결은 잔잔하고 고요하기 이를 데 없다. 눈 아래 갯바위들은 섬을 둘러싼 조가비 같아 보였다. 철썩, 쏴~하며 파도가 치고 간 바위가 한을 토하듯 울어댄다. 바위의 골을 타고 흐르는 저 슬픔은 상처 난 바위가 우는 것인지 파도가 남기고 간 회한인지 알 수가 없다. 밀어내는 듯 엉겨 붙을 듯 갯바위에 떼쓰는 흰 물거품은 저 바위를 얼마나 아프게 하는 것일까? 바위를 치고 가는 파도를 보며 나는 나 자신이 갯바위가 된 것 같았다. 늘 마음의 파도에 부딪히며 아쉬움, 안타까움, 후회의 번민이 짠 물 되어 내 맘속에 굳은 소금 덩이 병풍처럼 드리워져 삶의 짐으로 쉽게 내려지지 않는 책임처럼, 저 갯바위와 파도는 고동을 알면서도 왜 떨어질 수 없는 것일까?

만나는 순간마다 아픔의 소리 눈물, 그리고 이별, 다시 오는 파도. 파도는 많은 그리움을 몰고 와서 갯바위를 치며 적시고 간다. 그러면 밀려가는 물살에 그리움도 지나간 것들이 되고 말 것 같지만 다시 온다. 마치 사람들의 삶의 모습처럼 작은 미풍으로 시작된 바람이 불어 떨리던 물은 잔물결로 시작하여 밀고 당기는 너울이 되고 너울은 힘이 더해져 해안으로 밀려와 얕은 여울에 부딪혀 솟아오르다 중력을 견디지 못해 파도로 부서지며 해안에 있는 갯바위를 힘껏 치고 간다. 그 고통은 자연 속으로 음이온을 내어주는 것이 마치 인간이 삶 속의 감정을 풀어가는 것처럼 보인다.

잔물결일 땐 아름다운 꿈도 꿔 보았다. 너울이 될 땐 희망도 걸어 보며 출렁이다 파도가 되어 갯바위에 부딪힐 때 어찌 바위만 아프겠는가? 부서져야 하는 파도의 고통은 더 아프기에 눈물을 남기고 돌아가는 것인지, 나는 부모와 자식 같은 갯바위와 파도를 보며 태고로부터 이어져 온 인연이었는지 어디서부터 맺어진 것인지, 떨어질 수는 없는 이 바다의 풍경은 갈증 같은 애증의 모습이다.

갈매기의 힘겨운 비행에 외로운 외침, 숲속 까마귀의 속 깊은 울음소리, 이 모든 시간은 바다 위에 큰 꿈의 배를 띄우게도 하였던 곳이다. 그러나 이 바다의 너울을 품기에는 나의 어깨와 가슴이 너무나 왜소함을 느끼며 커다란 그리움도 놓아 주어야 함을 알았을 때 부산을 아니 이 바다를 떠난 것이다. 그러나 갯바위는 언제나 치고 갔다가 다시 오는 피도를 기다리며 맞아주듯 그 자리를 떠나지 않고 지키고 있다. 잔물결로 왔다 갈 때는 어쩌면 안아보지 못해 아쉬워하고 있는 것 같았다.

늦게 깨달은 것은 새로운 생명체를 세상에 내어 보내며 탯줄을 자르고 묶은 끈이 다름 아닌 천륜이라는 질긴 끈인 것을 새삼스럽게 생각하며 갯바위와 파도는 영원히 끊어질 수 없는 인연으로 생각되었다. 파도의 눈물이나 바위의 눈물도 다 사랑의 향연 같아 보였다. 나와 이 부산과의 인연도 고향처럼 생각하고 싶었던 깊은 애정을 두고 갔기에 영원히 지우지 못하는 이름인 것을 왜 생각하지 못하였는지, 깊고 넓은 바다의 짙은 물속같이, 한치 같은 가슴속에도 스스로 형언할 수 없을 정도의 울림이 되고 있다. 이 부산과 나는 갯바위와 파도 같이 영원히 철썩대며, 쏴~하고 일어나는 아련한 아픔 같은 그리움의 하얀 포말의 망울망울을 고향의 꿈처럼 나의 가슴에 안고 있다. 언제나 어머니처럼 갯바위로 기다려주는 부산! 나는 겹겹이 주름진 파도가 되어 때때로 그리움을 쏟으며 안기고 싶은 곳이다.

달 속에 담은 그리움

　태양에 달궈진 슬라브의 따스함이 마치 온돌방의 아랫목 온기처럼 마음을 녹이듯이 기대고 싶어진다. 모든 소리가 멈춘 듯 적막한 어둠이다. 별도 잘 보이지 않는 밤 둥근 달만이 옅은 구름옷을 휘감고 외롭게 있다. 어둠 가운데 달은 아련한 정이 가득한 눈이 되어 은은한 빛으로 나를 보고 있다. 한때는 달을 보면 슬픔이 떠오르며 아픔으로 속삭였지만, 그 오랜 날들이 세월에 씻기고, 흐름에 바래고 나니 달은 오래도록 가슴속에 품은 비밀스러운 그리움이 되었다. 그 속에 담아놓은 이야기, 하나둘 나오며 떠오르는 잊은 듯한 얼굴들! 바쁜 일상중에도 생각지 않은 일들이 어둠의 달 아래서 줄이어 떠오르는 머릿속의 사진첩이 한 장 한 장 넘어가고 있다. 하얀 기억 속에 이렇게 많은 나의 인연이 손을 흔들다니, 지나간 내 삶에 스친 많은 일과 얼굴들이 머릿속을 채우기 시작한다.
　이런 기억들을 잃었기에 외로움에도 웃을 수 있었던 것일까? 내게 주었던 사랑으로 행복했고 상처로 번민했다. 그러나 내 손을 놓았을 때 뻥 뚫린 마음속의 회오리를 견딜 수 없어 다시는 일어서지 못할 듯이 주저앉았지만, 슬픔은 세월을 따라갔다. 이제는 모든 시간이 쓸쓸함으로 바뀌고 그리움이 되어 아득한 옛일로 떠올리며 그들이 내게서 왜 멀어졌는지를 이해하고 있다. 뜨거운 태양의 강한 삶의 열기, 그 눈부신 벅참을 견디지 못해 그래서 달에다 더 많은 것을 담아 두었었는지 말 없는 은은한 달빛은, 부딪히며 열기로 상처 난 쓰린 마음을 식히며 아물 때까지 기다리다 조용한 미소로 이 밤 내 곁에 있다. 온화한 달빛 아래 밤새 소리 없이 흐르는 눈물을 지워가며 나는 잊었던 곰삭은 대화들을 나눈다.

　달의 문을 열고서 비행운의 고드름 타고 색색의 무지개 되어 스르르 내려온 그리움들. 주섬주섬 내 주위에 빙 둘러앉는 추억의 기억들은 모두 그립고 아름다움으로 덧칠해지고 때늦은 후회의 아픔이나 자책도 소용이 없다고 잊어가게 한다. 이것이 달이 주는 너그러운 위안이다. 세월이 약이라고 하였던가 긴 인내의 시간 사랑과 믿음이 떠나가는 것이 슬펐고 잡아주지 못하고 보냈던 자책도 이젠 하나의 푸념으로 어느 사이에 스스로 용서되어가고 있다.

　주목은 살아 천 년 죽어서 천 년이라지만, 내게 무슨 의미인가? 인연이 시작된 몇 초의 시간이 내 생애에 큰 흔적이 되었다. 그 몇 초도 안 되어 지핀 불씨는 꺼지지 않는다. 그래서 가끔 나는 그 뜨거움에 쓰려 가드라 든다. 눈을 감으면 모든 열기는 사라지게 될 것이다. 저 둥글게 포옹하는 마음의 달은 아무리 뜨거워도, 괴로움의 말이 없다. 그들이 열고 나온 문으로 고향으로 돌아간 그리움 하나 더 담으며 달의 눈을 닫고 슬거웠던 시간이 슬픔이 되어버린 기억을 멈추려 한다. 어느 날 달에 담아둔 그리움은 소슬한 바람이 된다. 낙엽을 날리며 내 곁을 스칠 때 그윽한 향수처럼 퇴적암의 무늬 같은 기억으로 다시 멀어진다. 그리 멀지 않을 훗날 나도 한 줄의 퇴적암으로 남아 사랑하는 이들에게 눈물로 기억될까 가슴이 아파진다. 그때는 그들도 한적한 밤 또 다른 자신의 비밀 문을 만들게 되지 않을지

복날

 뜨거운 햇살에 살이 익을듯한 한여름, 입술에 묻은 밥알도 무겁다는 복날이 다가온다. "형님, 토종닭 몇 마리 가지고 가실래요?" 토종닭이란 소리에 욕심내어 주저하지 않고 "두 마리"! 라고 말했다. "그런데 왜 알 받는 닭을 없애려고 하는데?" 몸집이 작은 "청계만 키울 생각입니다. 토종닭은 다 나눠 줄 거예요." "그럼 언제 갈까? 거기서 잡아 줄 거지?" "아 아니에요, 잡는 게 힘들어서 나눠주려 하는데요." 잠시 망설이며 남편을 쳐다보았다. 그러자 통화를 들은 남편이 양미간을 찡그리며 "닭 가지고 오지 마, 다 나눠주라고 해!, 나는 닭 못 잡아! 못 잡아" 하며 손사래를 쳐 댄다. 아이들 주고 싶어 욕심은 나고 잡을 일을 생각하니 엄두가 나지 않아 잠시 생각하고 결정하기로 하였다. 정년퇴직 후 경기도 용문 시골로 전원생활에 들어간 동생의 집, 거리도 만만치 않다.

 요즘은 공장에서 위생적으로 손질하여 쉽게 요리할 수 있게 판매하지만 사십여 년 전까지만 하여도 재래시장에 닭집이 있어서 그곳에서 흥정하여 즉석에서 잡아서 판매하던 시절이었다. 한 육십 년 전 중학생 때 일인 것 같기도 하고 이젠 기억도 아슴푸레해진 일이다. 가족 중 누구의 생일인지 복날이었는지 어머니는 나를 데리고 닭집에 가서 닭을 사려고 하셨다. 그러나 기다리는 사람이 많아, 고객과 시간 약속이 있으신 어머니는 지체할 수 없어 살아있는 닭을 사서 들통에 담아주며 그 위에 동생들과 나눠 먹을 간식도 사서 담으셨다. 집에 가서 장작을

패 주는 이웃집 아저씨께 가지고 가면 손질해 준다고 하시며 어린 나를 버스를 태워 집으로 보냈다.

 자리에 앉았다. 버스가 부르릉하니 들통 속에 가만있던 닭이 놀랐는지 고골 거리다 꼬끼 하며 불편한 듯 울음소리를 냈다. 그때 운전기사 아저씨는 뒤를 돌아보며 "날짐승을 차에 태우면 안 돼요, 내리세요" 하셨다. 난 놀라서 들통 속 닭 위의 물건을 살짝 눌렀다. 꿈틀대며 소리를 조금이라도 내려면 더 누르고 하였다. 누구와도 눈도 마주치지 못하고 버스에서 내릴 문만 바라보며 들통 안을 꾹 누르고 있었다. 과자가 부서졌다. 그 소리를 들으니 마음이 부서지는 것 같았다. 긴 시간처럼 느껴지던 몇 정류장 사이에 닭은 어느새 조용히 있었다. 미안한 부끄러움과 기사의 음성, 차장의 눈빛에 어찌나 긴장했던지 차에서 내리는 순간 안도의 눈물이 났다. 집까지는 일 이 분 거리인데 눈물을 닦으며 들어선 나를 보고 가정부 언니가 의아해하였고 나는 차에서 있었던 일을 얘기해 주었다.

 들통의 물건을 꺼내던 언니는 "옴마(엄마) 야! 닭이 죽웃네, 숙이 니가 너무 눌러서 고마 죽어뺏다 아이가"라고, 내 탓을 하듯이 하며 부서진 과자 봉지와 목이 축 늘어진 닭을 잡고 까르르 구를 듯이 웃어대며, 닭을 가지고 아저씨께 가더니 얼마 후 털을 뽑고 손질한 닭을 가지고 왔다. 그렇게 잡을 닭이었는데도 살아있는 닭을 가지고 오지 못한 미안함인지 부서진 과자 때문인지 더 울었다. 부모님이 시키시는 일은 군말 없이 해야 했지만 그 날은 마음에 힘겨운 심부름이었다. 그 시절에는 차에 산 짐승을 태우면 사고가 난다는 속설이 있었고 운전기사들은 그 말을 징크스처럼 믿는 듯하였다. 닭의 울음소리 때문에 마음 버거웠던 기억이다.

 전화기를 들고 올케에게 전화했다. 이웃 사람에게 나눠 드리라고,

가지러 갈 시간이 없을 것 같다며 차마 잡을 사람이 없다는 말은 하지 못했다. 기억 속의 긴장까지 풀리는 듯 큰 숨을 쉬었다. 꺼병이 한 마리도 잡지 못하는 남편의 쓴 인상과 손사래도 사라졌다. 닭에게 위해를 가해야 할 걱정도 사라졌다. 깊은 뜻 없이 욕심을 내곤 속으로 후회하며 마음을 내려놓기를 반복하는 자신에 얼굴이 붉어 지지만, 공짜에는 대가가 따르고 누리는 자유에는 책임이 있어야 한다는 생각을 다시 떠올리며 가족의 복날 보양식을 위해 재래시장으로 나가볼 생각을 했다.

우리나라 절기에도 들어가지 않는 삼복은 하지(夏至)에서 입추(立秋) 사이 낮이 길고 가장 더울 때, 초복, 중복, 말복으로, 세 차례의 더위를 이겨내는 풍습이 전하여 행해지고 있다. 확실하지는 않아도 오래전 중국에서 개를 요리해서 먹으며 뜨거운 복날의 열독을 다스리는 풍습이 건너온 것이라고 들었다. 더위를 이기지 못한 사람이 개처럼 엎드려 더위에 굴복하는 뜻의 복날이라고 하였다. 지금 사람들은 에어컨에 한더위를 피하니 그런 굴복은 없을 것 같다. 우리나라에서도 전통 풍습으로 자리한, 삼복더위를 이기는 보양식으로 개 요리를 먹는 사람들이 많았지만, 문화의 인식이 바뀌며 사람과 가까이 지내는 개는 금기시하여 요즘은 식당의 메뉴에선 보기 힘들어졌다. 삼계탕뿐만 아니라 팥죽도 더위와 질병을 이기는 음식으로 먹는다. 더운 날 가족들과 또는 지인들과 삼삼오오 모여 삼계탕을 먹으며 더위도 다스리며 건강을 돌본다. 잘 익은 수박으로 흘린 땀의 갈증도 풀어가며 배부름과 즐거움으로 정담을 나누며 서로 간에 정이 돈독해지는 복날의 풍습이다. 대대로 이어질 것을 생각하니 덥다는 짜증은 사라지고 빠질 수 없는 여름철 문화로 기다리며 챙겨야 하는 삶의 여유로 느끼며 시장으로 발걸음을 재촉한다

어른을 울게 했던 기억

유월, 아스라한 기억의 슬픈 노래가 들리는 듯하다. 육이오, 동란은 끝났단다. 미군이 임시로 머물고 있던 흙먼지 날리는 차도 옆의 미군 막사 그 부대가 떠나간 후 집 앞의 공터는 안전한 놀이터였다. 누구의 목소리인지 무슨 놀이를 하는지까지 집에서 다 알 수 있었다. 동무들의 목소리가 들리면 빨리 나가려고 숙제는 일찍 해놓고 밥도 빨리 먹고 밖의 소리에 전전긍긍하며 부모님이 잘 들으실 수 있게 책을 큰소리로 읽어대었다. 그러면 쉽게 나가서 놀 수 있었다. 상급생 언니들에게서 노래를 배웠다. 학교에서 배운 것보다 훨씬 어려웠지만, 왠지 모르게 더 멋있어 보였다.

초등학교 일 학년 입학하기 전에 우리 가족은 집을 지어 새집으로 이사하여 들어왔다. 새집에 손님이 예쁜 팔각형 모양의 통에 담긴 성냥 두 통을 들고 오셨다. 아버지는 무척 반가워하셨고 어머니는 조촐한 술상을 차리셨다. "애야, 여기 와서 학교에서 배운 노래 하나 불러 봐라" 나는 기다렸다는 듯이 웃으며 양손을 모으고 고개를 까딱이며 "고향 땅이 여기서 – "어, 그만 다른 노래 불러 봐". "나의~ 살던 고향은~ "야 이놈아, 그런 거 말고 깡충깡충 뛰는 거 불러 봐라. 아저씨가 과자 사 주마". 나는 이유도 모르고 의기양양하던 마음이 눈물로 바뀔 것 같았다. 입학도 하지 않은 동생이 내게 배운 노래를 불렀었다. "따르릉~ 따르릉 비켜나세요" 칭찬 듣고 돈도 10환 받았다. 그러나 동생은 돈에 관심을 두지 않고 종이를 놓듯이 소꿉 통의 한쪽에 넣었다.

무엇을 잘못했는지 몰라 울고 싶었지만 태연한 척 있으며, 동생의 돈으로 비행기 모양의 과자를 사 먹을 생각을 하였다. 두 손님과 아버지는 '내 고향으로 날 보내 주~' 하며, 얘기인지 노래인지를 하시다 고향에 계시는 어머니가 어찌 지내시는지? 살아는 계시는지? 걱정되어 밤마다 꿈을 꾸고 고향을 돌아다니다 잠을 깬다는 등 알아듣지 못하는 얘기만 하시며 한 분은 슬피 우셨다. 어색하여 슬그머니 부엌 방으로 가니 어머니 얼굴도 무척 슬퍼 보였다. 지금은 아니지만, 그때는 유월만 되면 상기하자 6.25라는 총칼을 든 붉은 포스터를 미술 시간에 그리고 겨울엔 자나 깨나 불조심이라는 검붉은 색의 그림을 그리며 육학년이 되었다. 동네에서 우리 집은 선생님 댁, 피난민 알부자라고 했다. 뜻은 잘 몰라도 어렴풋이 이방인 느낌을 느꼈다.

삼팔선의 의미도 정확히 몰랐지만 내가 갈 수 없는 고향 노래만 부르니 아저씨들이 슬퍼하셨구나 하는 생각을 오 년이나 지나서 처음 하였고 고향이라는 것은 내게도 슬픈 단어로 떠오르게 되었다. 나는 고향 가면 함흥 미인이라는 할머니와 선생님이라는 이모들 특히 나와 닮았다는 둘째 이모를 만나볼 거라는 상상을 많이 해보며 혼자의 희망을 꿈꿀 때도 있었다. 그러나 꿈은 아직도 깨지 않았는데 어른들은 공연이 끝난 배우처럼 소등된 무대 뒤로 모습을 감추셨다. 나는 그때의 아버지보다 훨씬 더 긴 세월을 살고 있다. 기억도 하지 못하는 고향을 왜 그리 생각하는지 수구초심의 생리 같은 것인지 철없이 잔꾀만 부리던 아이는 이제 저승꽃을 피우며 늙어간다.

전쟁 후 구호물자를 받던, 참 불쌍한 신세에 내한 생각이 바뀌어 간다. 풍족함이 아무리 넘쳐도 채울 수 없는 것, 전설 같은 고향 얘기, 내가 고고의 소리를 내며 세상에 태어난 곳을 한 번도 갈 수가 없다는 것을 이해하고 싶지가 않다. 사상과 이념의 장벽이 이토록 처절한 것인지 고향을 얘기하시던 마음을, 그 많은 꿈이 사랑에 묻혀 뒹굴며 정다운 얼굴과 웃음이 넘치던, 따스하고 행복하였던 곳을 누군들 잊을 수 있을까! 그런 어른을 눈물 나게 하였던 아이는 흐르는 세월에 이제 북망산을 바라보고 있다. 서글프게도 고향 한번 가서 볼 수 없는 나라는 사람이야말로 불쌍한 신세가 아닌가 생각하며 고향이라는 노래가 들릴 때면 꽃피고 새가 우짖는 시냇가를 그려 보기도 하지만 그 어느 곳에도 나의 자리가 보이지 않아 먹먹하다.

  동독의 교회처럼 통일을 염원하는 기도로 동서의 장막을 무너뜨리듯 우리도 남북의 삼팔선을 없앨 수 있을까? 오래도록 들어온 남북통일이란 단어는 평화상을 위한 단어로만 있는 것인지 이제는 통일이란 단어를 들어 본지도 오래다. 기대는 이제 끈을 놓아야 할지 모르나 버려지지 않는 미련에 쓸쓸한 나의 모습이 처량하고 불쌍한 신세인 것 같아 서글퍼지기도 하지만, 언젠가는 한 서린 삼팔선이 없어지리라 믿고 싶다가도, 때 늦은 시간은 내게 무슨 의미가 있을까! 해마다 돌아오는 유월. 피로 물들었다는 상처로 남은 기억을 언제쯤 잊을 수 있는 날이 올지 유월의 하늘은 무심한 듯 마냥 푸르고 높기만 한 것을.

2023. 06.

셋째 외숙부 이호왕 박사

 고향의 풍경 같던 얼굴과 음성, 향기 같은 미소마저 바람의 이야기처럼 사진 속에 정적으로 멈추어있다. 나의 유일한 마지막 부모 같은 셋째 외숙부를 대전 현충원 과학기술 유공자 49호에 모시는 안장식을 마치고 서울로 간다
 고향을 두고 실향민으로 살아온 사람들, 세월에 묻혀 서서히 모습이 가려졌다. 다행스럽게도 네 분의 외숙께서는 서울에서 대학교에 다니거나 직장을 다녀 삼팔선이 막힌 후 모두 서울서 가정을 이루셨다. 외아들이신 아버지는 그 처남들을 부러워하셨지만, 화려했거나 괴로워했던 삶은 모두 잠들어 조용해졌다. 순서 없는 차례는 줄을 이었으며 이번은 마지막 어른이셨다. 고향의 이야기에 귀 기울이며 자랑스러워하는 내게 딸처럼 내 이름을 부르며 나의 글을 읽어주시고 고향의 동산과 냇가를 그려볼 수 있게 해주셨던 셋째 외숙부!
 외숙부인 이호왕 박사님의 업적은 대단하였다. 스웨덴 노벨재단의 초청으로 이십 오륙 년 전부터 연구원들을 동행하며 설명회를 수차례 하였지만, 노벨상은 무산되었다. 김대중 대통령 시절 미국에서의 제안이 있었다. 미국에 귀화하면 그해에 노벨의학상을 받게 해준다는 것이었다. 외숙부는 노벨상은 욕심을 내셨지만, 고향을 떠니온 사람이 나라까지 떠날 수는 없다고 하셨다.
 세계최초로 '유행성 출혈열 신 증후 원인균인' '한탄 바이러스'를 발견하고 백신까지 만드셔서 덕분에 사망률이 높았던 출혈열은 이제 두

려움에서 어느 정도 벗어나 산골 농가에서도 백신 예방접종을 한다고 들었다. 외숙부께서는 노벨상을 한국인으로 받을 수 있기를 바라며 조국과 고향을 너무나 사랑하신 분이셨다. 대한민국 학술원 회장으로 계실 때부터 여러 차례 스웨덴을, 노벨재단의 초청으로 다녀오신 후 조금은 지치신 듯 2019년 늦가을 문안을 간 나에게 담담한 음성으로 이제 노벨상은 마음을 접는다고 하셨다. 관심을 두지 않는 정부나 노벨재단의 기류에 벽을 느끼신 듯 실망스러움과 아쉬움이 얼굴에 역력하셨다. 노벨재단의 심리를 생각하며 발표를 차분히 기다리지 못하고 미리 점수를 주듯이 노벨재단보다 더 들떠 부담을 안기는 우리나라 언론의 도움이 될 수 없는 섣부른 태도도 재고해봐야 할 점이 있는 것 같았다. 아무 말 한마디 없는 얼굴은 거실의 반짝이는 샹들리에 등을 바라보시며 스쳐 간 연구원들의 애환을 얼굴에 담고 계신 듯하며 마지막을 아시는 듯하였다.

그리고 바로 2019년 12월 1일 자 대한민국 학술원 통신지에 원고지 오륙십 매 분량의 고향의 주소와 외갓집 마을풍경과 생활 모습 등등 많은 특징을 자세히 기록으로 남겨 주셨다. 자손 중에 언젠가는 당신의 고향을 가볼 것을 바라는 마음에서였다. 2021년 노벨상 후보로 다시 올랐지만, 미국인이 수상했다. 실력도 실력이지만 결정권의 스웨덴 노벨재단의 행정을 우리는 알 수 없다. 그는 민주주의 국가나 사회주의 국가에서도 인정받는 학자이자 의사이며 과학자이셨다. 돌아가셨다는 애석함은 장수하시고 명예롭게 사셨던 것으로 위안이 되었지만, 나에게 부모님처럼 이름을 부르며 내가 만든 고향의 맛을 기억하며 가자미식해를 기다리시는 어른은 이제 아무도 없다. 다시 만들어야 하는 의욕도 나지 않을 것 같았다.

놀아오는 차 안에서 나는 늘 기대던 기둥이 뽑힌 공간을 느끼며, 안타까움과 허전함이, 찬바람이 휘몰고 가는 세월에 눈물은 사치스러웠다. 뿌리 뽑힌 메마른 나무처럼 심신이 휘청거리며 짓눌려졌다. 차 창밖의 뉘엿뉘엿 서산으로 지는 해의 아름답고 멋진 노을을 보며 어린 손주들이 떠올랐다. 보석 같은 존재들과 삶의 의미, 이래서 수 없는 오늘을 견디며 살아갈 수 있는 건가 생각하였다. 젊은 날 상실은 더없는 회한의 슬픔이었지만 이제는 상실 앞에 많은 것을 돌아보며 조용히 받아 들이는 쓸쓸함으로, 영혼이 혼잡스럽던 흘러간 시간이 신기루의 빛처럼 반사되어 사라지고 소리 없이 흐르는 가슴속 슬픔은, 운명이라 인정하는 날까지 도란도란 자라는 소리를 들을 수 있는 것이 남은 삶의 버팀목이 되는 것 같은 순간이었다.

 외숙부께서 기고한 「내 고향」을 읽으며 글에 실려 기억 속으로 따라가 본 외갓집을 상상해본다. 함경남도 신흥에 있는 조선 팔경 중의 하나라는 부전고원과 수력발전소, 짙은 남보라 빛 아우성이 들리는 듯 부채붓꽃 군락지가 그려지며 여름밤 불빛에 모여들어 꽉꽉 소리 내는 박쥐 떼의 울음이 상여 차의 기계 소리처럼 들려온다. 정신을 차린다. 멎어버린 삶에 흙으로 슬픔을 덮고 가는, 말이 필요 없는 긴 시간 머릿속은 기억하지 못하는 궁금한 고향길을 이리저리 마구 헤집고 달려본다. 그곳에는 할머니 할아버지 아버지 어머니 오빠와 언니, 동생도 있었다. 그리운 이들에게 언젠가 내가 돌아갈 곳이 있었다. 생의 마지막은 쓸쓸함이지만 평등한 순리이고 벗어 날 수 없는 일이다. 도리어 차분하여진다. 순비할 수 있는 이승의 남은 시간이 있음을 감사하고 얼마일지 모르는 날들, 나 자신을 단단히 부여잡을 수 있는 기둥으로서 지내다 좋은 기억 몇 개 남기고 떠나자.

 그리고 정다웠던 이들을 만나 한 이불 속에서 해묵은 이승의 얘기들을 나누며 긴 잠에, 들 수 있다면 무슨 바람이 더 있을까, 이별이 슬펐지만, 기억 속 지나간 일들이 은혜로웠던 것에 감사하며 남은 시간 더 없는 축복으로 여기다 가고 싶다.

슬픈 하루

　밤하늘에 기우는 달을 보며 금자탑을 쌓던 시절은 어느새 먼 과거였다. 정년을 생각하며 놓기 싫은 일손을 내어주며 못다 채운 계획의 아쉬움을 안은 채 또 다른 삶을 위한 시간의 도래는 피할 수 없었다. 시절의 한계를 느끼며 허전해하는 남편을 보며 그래도 같이 이어 가야 하는 삶이 어설픈 다른 시작처럼 느끼지만, 적응되어갔다. 이제 장년도 지나가지만 나는 내가 할 수 있는 것도 즐길 수 있는 것도 많다고 생각하고 있으며 그렇게 지낸다고 생각했다. 정치나 나라 살림에는 별 관심이 없다. 잘해주리라 믿는 마음에서다. 내라는 세금 꼭꼭 내고 지키라는 질서나 법을 잘 지키며 우리에게 주어진 의무를 잘 하는 국민으로서 자부심까지는 아니라도 후손에게는 더 나은 세상을 물려주고 행복하게 살게 해 주고 싶어서 나 나름으로는 그래도 열심히 살며 질서를 지키며 노력했다고 생각했다.

　국가란 나를 존재하게 해준 부모와 같은 존재이기에 부모가 없으면 나도 없었듯이 당연히 효를 해야 하듯 존중하고 충성하며 사랑해야 하는 조국이다. 그런데 좋은 소식은 없고 끝없는 불신과 분쟁의 뉴스, 나라에 대한 가치관이 가끔은 멍해진다. 외국 가면 삼성이나 현대, LG의 간판들이 보이면 뿌듯했던 마음이나 세계 십 위 경제 대국의 자부심은 어디 가고 국민 1인당 빚이 얼마니, 하는 얘기들이 들린다. 정확히는 모르지만, 그런 소리는 자손들의 짐이 되게 하니 걱정스럽다. 코로나도 가시지 않은 채 입춘이라 기다려지는 봄소식보다는 러시아가

우크라이나에 포격을 가했다는 전쟁의 서막 뉴스다. 파괴와 죽음이 난무하는 피로 얼룩진 혼돈의 땅, 그곳에서 어린아이를 전화번호만 쥐어서 친지가 있는 조금이라도 안전한 곳으로 피난을 보낸다는 뉴스에 가슴 아프다. 친척을 잘 찾지 못하면 어쩌나 하는 불안과 안타까움이 두근댄다. 내게도 6.25, 동란을 겪으며 피난 왔던 경주에서 집을 잃어버렸다가 하루 만에 우리 부모님이 나를 찾았다는 얘기가 떠올라 마음이 더 아프다.

 국내 뉴스들도 어수선한데 외국의 전쟁 소식은 고통을 공감하게 되니 동질감에 가슴이 짠해진다. 뒤척이던 마음을 하소연할 곳도 없다. 모든 어지러운 세태가 빨리 지나가기 바라며 혼자 뱉어본다. "어휴, 이놈의 세월" "세월이 누군데 이놈 저놈 하며 욕하는 거야" "응?" 아 가슴까지 무너질 것 같았다. 남편의 학식과 덕망이 나의 모자람을 많이 채워주고 덮어주기에 알게 모르게 의지해 왔는데 이제 급격히 청력이 떨어져서 제대로 듣지 못해 소통이 되지 못하는 모습이 안타까움을 넘어 슬퍼졌다. 보청기로 해결되지 않는 그의 귀나 망막에 이상이 생긴 내 눈이나 둘이 마주 앉아 서로가 불편한 점을 보완하며 사는 것이 다행스럽다고 생각한 것도 오늘의 이런 모습이 쓰리도록 가슴이 찢기는 날이다. 사실 나는 세월을 욕하거나 나무랄 생각도 일도 없다. 욕심이라면 그저 자손들이 잘 살 수 있는 세상이 되면 좋겠다는 염원뿐이다.

 국가와 민족을 위해 고귀한 삶을 희생하셨던 애국선열들의 숭고한 호국 정신을 잊지 않고, 나라에 대한 애정과 자부심, 긍지를 가진 나라가 되었으면 좋겠다는 마음은 나 혼자만의 염원은 아닐 거라고 생각된다. 가장 두려운 것이 가까운 곳의 전쟁이며 자연재해이다. 그러나 자연재해보다 산불이나, 아파트 붕괴, 등등 많은 부주의에서 오는 재해들로 고통 속으로 내몰리는 소식들도 심심찮게 들려온다. 그저 속 쓰리고 불안한 나날의 일상에서 벗어나고 싶고 이기적인 건지 좀 더 편하게 자유롭게 살고픈 마음이 이 세태가 벅차게 느껴지고 걱정된다. 지나간 일에 매달리지도 오지 않은 미래를 생각할 것도 없이 하루하루 희망이 있는 뉴스가 나오면 좋겠다는 단순한 생각이다.

  전쟁이 멈추고 고통스러운 많은 사람과 우리의 후손들이 좀 더 행복해지면 좋겠다는 간절함에 내가 할 수 있는 것이 무언가를 생각하니 존재의 의미도 느끼지 못하게 힘없는 나는 막막하였다. 후원 이외는 기도뿐 이라는 생각에, 세상이 평화로워지고 불행하여 슬퍼하는 사람이 없기를 두서없이 오며 가며 중얼거렸다.

  내가 한강 남쪽을 고집하며 사는 이유도 6.25. 동란을 기억해서 좀 더 안전하다는 생각에서였지만 미사일이 쌩쌩 나르는 이 시대 어디가 안전하겠나 지도자들의 합리적이라고 하는 것은 무엇을 말하고 있는 것이며 무엇을 얻고자 하는 것인지, 시작된 이 전쟁은 언제나 멈출지 우리 생활에 어떤 영향을 줄지 세계의 긴 역사에 전쟁이 없었던 날이 며칠밖에 되지 않는다니. 포탄이 터지고 아비규환의 모습이 보이는 텔레비전의 뉴스 화면에 잊어가던 우리의 피난길이 다시 상기되며 많은 고통이 기억으로 스친다. 벗어나지 못하는 트라우마에 동질의 아픔이 가슴에 두 손을 모으게 한다. 전쟁 없이는 살 수 없는 것일까? 모두가 평화를 갈구하면서도 핑계와 이유가 많은 전쟁은 멈추지 않는다. 마음이 무거운 기억의 긴 시간, 괴롭고 불안한 하루였다.

제3부

청하선생님

거목의 가지에서

 2018년도 시월, 2호선 전철을 타고 강변역으로 갔다. 광진문화원에 가기 위해서다. 한강을 가로질러 건너면 첫번째 닿는 역이다. 청하 선생님을 뵙는 것도 너무 좋지만, 더욱 간절한 건 그분이 하시는 문학 강의를 듣기 위해서다. 이 모든 인연의 시작은 부산 시인협회 12대 이사장을 역임하신 김광자 시인의, 선생이자 언니 같은 마음에서 비롯된 강권에서였다. 1977년 작고하신 한찬식 시인의 장녀이며 써놓은 글도 많다고 말씀을 드려 놓았으니 '곧 찾아뵙고 지도를 받아라'라는 반 명령조였다. 끄적거렸던 낙서 같은 글들을 다 태워 버린 것도 십 오륙 년이 지났고 실력도 재주도 모자라, 늦은 나이에 할 수 있는 자신감은 아무것도 없었다. 거기다 성기조 선생님은 한국문단의 누구와도 비교할 수 없는 거목이시고 만나 뵙는 것만도 영광이라고 하니 더 어려워 망설여졌다.
 그러나 일찍 타계하신 아버지의 존함이 나온 이상 어려워도 용기 내어 찾아뵙기로 하였다. 그렇게 어렵게 나간 충정로의 찻집에서, 성기조 선생님을 처음 뵈었다. 잘 생기신 노안에 품위까지 향수처럼 풍기는 듯 위풍당당하신 선생님께서 오래전에 선친을 만나신 일이 있으시다고 하셨다. 또 아랫사람에게 낮춤말을 쓰지 않으시며 말씀하시는 모습을 대하면서 아버지에 대한 그리움과 글에 대한 마음속 봇물이 터져왔다. 청하 선생님의 조용한 낮은 음성으로 써놓은 글 열다섯 편을 가지고 오라는 말씀에 어떤 변명도 할 수 없었다. 선생님과 헤어져 집으로 돌아가는 택시 안에서 어찌나 눈물이 앞을 가리던지 그 날로부터 오랫동안 덮어 두고 잊으려 했던 글쓰기를 다시 시작하였다. 오른쪽 팔목에 통증까지 생길 정도로 매일 쓰고 고치고 쓰고 또 고치고 쓰기를 거듭하였다.

　나는 한 번도 글쓰기를 정식으로 배우려 하지도 않았고 가르침을 받지도 않았다. 아버지의 서재 주변을 서성이면서 제대로 이해하지 못하였지만, 장서의 목록들을 눈에 익히고 어쩌다 하나씩 읽어보기도 하고 그랬던 것과 문인들의 대화와 생활을 좀 엿볼 기회가 있었던 것이 다였다. 그리고 중요한 건 내가 글쓰기를 좋아했다는 것이다. 부산의 故 박철석 시인도 글을 쓰라고 권하였고 또는 쓰고 있는 줄 알고 계시는 분들도 있었지만 나는 글을 쓸 수가 없었다. 그러던 차, 청하 선생님과 만남은 밤하늘의 유성을 본 듯이 내 인생 마지막 전환점에 불을 지핀 것이다.

　뒤늦게 문학에 대한 열망이 솟구치며 청하 선생님의 강의에 집중하게 되었다. 강의 시간에 수심이 깊은 우물 속의 바닥에서 물이 솟아오르듯이 설명하시는 선생님의 백과사전 같은 지식, 끝없이 이어지는 말씀들을 들으면서, 나는 갑자기 영혼의 행복이 뭔지를 새삼 생각하며 가슴이 벅차올랐다. "이 사람 뭐 하고 있은 거야, 진작에 나와서 글을 썼어야지!"라는 선생님의 질책도 들어가며 나의 글에 대한 지적을 받을수록 글쓰기가 더욱 고무되는 느낌이었다. 그리하여 청하 문학 아카데미에서 수강을 시작 한지 일 년 반에 수필집 『마르지 않는 물감』을 내게 되었다. 책이 나오고 그동안 무척 망설였던 마음은 조금씩 뿌듯함으로 채워지며 청하 문학에 점점 더 애착이 가기 시작하였다. 강의도 듣고 글에 대한 선생님의 평도 들을 기대에 선생님의 강의 시간이 행복하였다. 강의실로 갈 때마다 한강을 지나며 넓고도 깊은 푸른 강물을 보며 물의 양과 깊이를 알 수 없는 청하 선생님의 지식 같아 보였다.

　지금이 아니면 내가 언제 이런 말씀의 가르침을 받을 수 있을까! 시간의 흐름이 안타깝기만 하여 건강이 허락하는 한 빠지지 않고 강의를 들으려고 하였다. 아름드리 큰 거목의 가지 끝에 달린 하나의 잎새 같은 나의 위치지만 그 가지에 달려있다는 것만으로도 무한한 행복의 포만감을 누가 이해할 수 있을까. 선생님께서 나에게 "내 나이 여든여섯이야, 한 선생도 이 나이 될 때까지 글을 쓰고, 책을 볼 수 있는 한 좋은 글을 많이 읽어야 한다"라고 하실 때는 틈만 나면 책을 권하던 생전의 아버지 모습이 겹쳐져 울컥해왔다. 청하 선생님을 만나게 된 인연을 너무나 감사하면서도 한편으로는 더 일찍 뵙지 못한 것에 안타까움이 회한처럼 가슴에 밀려왔다.

　청하 선생님의 한국문학계에 일일이 나열할 수 없을 정도의 많은 업적과 실력은 시기심 어린 사람마저도 인정하고 있다는 것은 모르는 사람이 없을 것이다. 선생님의 시집, 소설, 수필집 평론집, 나는 감히 이 방대한 것을 읽을 수도 이해하기도 힘들지만, 선생님의 시집을 보다 "꽃씨 같은 마음들이 / 한 번도 개화하지 못한 채 / 내일은 계절이 부르고 / 계절은 연륜을 손짓하여 / 늙어가고 썩어 가는데 / 피부는 땀방울이 울고 있다" (성기조 시「여름날의 오후」중의 일부)

　이 시의 '한 번도 개화하지 못한 채'라는 글이 내가 주춤거리며 살다 세월을 보내는 것은 아닌가 하는 생각에 정체된듯한 나를 보는 초조함에서 벗어나고 싶었다. 청하 선생님과 만남으로 강의를 듣고 글을 쓸 수 있는 지금은 푸른 잔디가 마르는 겨울이지만 내 삶의 마지막이 황금빛 낙엽의 일기장이 되고 있다. 내가 좀 더 갖추어진 모습을 보일 수 있을 때까지 우리 곁에 계셔 주시길 바라며 한국문학계의 낮과 밤을 가리지 않고 떠 있는 불멸의 별 같은 청하 선생님, 수강하는 제자들의 게으름과 나태함을 안타까워하시며 남의 작품과 좋은 책을 많이 읽으라는 질책의 호통 소리와 졸작에도 세심한 평으로 가르침의 지적을 잊지 않으며 깊이 감사하며 존경을 가슴에 채운다. 오래오래 건강하신 선생님 곁에서 수강할 수 있는 시간을 많이 갖고 싶은 욕심과 함께 선생님의 만 수를 간절히 기도한다. 선생님과의 기억을 감히 글로 남길 수 있는 저는 흘러가는 세월이 야속한 아픔이라도 선생님의 가르침을 받을 수 있는 지금은 행복한 마음 가득하다.

  2023. 05. 선생님의 구순을 축하드리며 선생님의 안위를 기도합니다.

나의 登壇誌

　주룩주룩 긴 장맛비가 젖은 옷의 무게처럼 축 늘어지는 찌는 한여름이다. 편찮으신 청하 선생님을 모시고 갈 수 없는 안타까움을 뒤로하고, 우리는 예산으로 이른 아침 아쉬움을 안은 채, 들뜨기도 하고 기쁨 반 우려 반인 마음으로 출발하였다. 제28회 전국청소년 청하 백일장 시상식장으로 가기 위해서다. 시상식장의 모든 준비는 충남의 청하 문학회원들이 수고하여 주신다고 들었고 점심 식사시간부터 중앙회 회원들과 합류하여 행사장의 일들이 진행된다고 하였다. 늘 같이한 시인들이 건강 문제로 함께하지 못하여 섭섭하기도 했지만 차 안의 분위기는 예전보다는 다른 더 단합된 느낌이 들었다. 김귀희 처장이나 신상범 회장님, 충남의 회장님과 회원들, 강원도와 제주에서까지 참석하신 회장단들과 회원들의 참석과 비가 잠시 잠시 멈춘 날씨의 덕인지 행사에 참석하신 귀빈과 수상자 가족들도 자리를 빛내주어 세심한 진행으로 시상식은 잘 마무리되었다. 선생님이 계시지 않아 우려했던 걱정은 뿌듯함으로 서로 격려하고, 위기의 단합은 또 다른 결속을 보여주는 것 같아 회원들의 수고가 고맙고 든든하다는 생각이 들었다.
　하긴 언젠가는 선생님이 계시지 않아도 회원들이 합심하여 잘 이끌어 가야 할 일이다. 시상식이 끝난 후 김치장이 《문예 운동》이 일백오십팔 호를 내었고 이번엔 《수필시대》가 일 백호를 맞는다고 하였다. 이 모든 것들이 청하 선생님의 손끝에서 문학의 역사처럼 이어져 온 일들이다. 청하 선생님의 우환에 내 마음이 어수선하여 정서적으로 안정을 잃은 듯이 글을 쓸 수가 없었던 것은 선생님께 너무나 많은 의지를 했던 것을 나 자신도 모르고 있었던 것 같았다. 가까이 대하기에는 어려운 선생님이시지만 아버님 같은 인자한 미소와 자상한 글의 지적들에 깊은 정으로 기댄 것은 아닌지 선생님이 병환이라는 소식은 큰 충격과 슬픔이었다. 기적 같은 빠른 회복을 기도하며 연로하신 선생님을 너무 힘들게 해드린 것은 아닌지 많은 아쉬움과 안타까움이 머릿속을 흔들었다.

엊그제 같은 일들이 벌써 오륙 년을 넘어간다 《수필시대》는 나를 거듭나게 한 出生 誌이다. 등단을 하면서는 끝없이 글을 써내고 싶었지만, 아직도 미숙함에 허덕이며 졸작을 면하지 못하고 있다. 그러나 선생님이 건강하실 때보다 더 관심을 기울이리라고 다짐하며 많은 훌륭한 작가들이 나와 좋은 수필의 진가가 영원하기를 바라기도 해본다.

뜬구름처럼 의미 없이 흐르던 시간에 청하 성기조 선생님을 만나 수필에 연을 맺으며 새롭게 시작된 삶의 시간은 생동감으로 나이를 잊으며 글의 희열들이 마음을 스치며 지나갔다. 그것은 내가 선생님을 만나 글쓰기를 배우며 공부하게 되었기 때문일 것이다. 생각하며, 쓰고 싶었던 글을 쓰며 조금은 더 나은 삶의 계획을 실천하는 열차에 탄 것 같이 한동안 마음이 설레었다. 서당 개 삼 년에 풍월을 읊어 댄다고 하였다. 선생님 아래서 몇 년을 배워야 제대로 된 풍월을 읊을 수 있을지, 각고의 노력이 말할 것 같지만 자꾸만 불어난 나이를 핑계로 무능함을 덮는 것은 아닌지, 큰 나무 아래서 작은 나무는 덕을 보지 못해도, 큰 인물 아래서는 아래 사람이 많은 덕을 본다고 한 말에는 몇 번이나 공감하고 있다. 거목의 그늘은 그 아래 서기만 하여도 시원한데 문학 강의까지 듣고 수필로 등단까지 했으니 내 인생에 얼마나 큰 덕을 보았는지 새삼 경이롭기까지 하다,

나의 등단지가, 몇 번째 발행된다는 의미보다 문학계에 《수필시대》란 글 마당의 계간지가 영원히 펼쳐지기를 바라며, 선생님의 문학 강의를 들을 수 있었던 고마운 인연의 정이 《수필시대》가 문학지의 역사가 될 수 있게 욕심 같은 애정이 커지기만 한다. 남은 동안의 삶이 이런 이음의 줄을 든든히 엮고 가고 싶고, 끝없이, 다듬어야 하는 글이지만 펜을 놓고 싶지 않다. 아홉이라는 숫자는 좋은 숫자라고 하는데 아홉이 겹친 숫자는 얼마나 더 좋은 숫자일지 백이라는 가득한 숫자를 만들 수 있으니, 하지만 긴 세월 많은 우여곡절의 시간이 있으셨을 선생님과 출판관계자분들을 생각하면 나는 너무나 편하게 등단하고 이름을 올리지 않았나 하는 염치를 느낀다. 백이라는 수를 넘어 나의 등단 지가 자랑스러운 책으로 이어가도록 나도 내 몫을 다하고 싶기만 하고 책 이름만 들어도 다시 돌아보는 애정을 갖게 된다. 백회를 축하하며 자랑스럽고 무궁한 발전도 기대하며 염원한다. 수필을 쓰며 삶을 다시 느끼고 마음 안에 무겁게 자리하고 있던 회한의 상처가 서서히 치유되며, 푸른 하늘을 붉게 물들이는 슬픈 노을이 아름다움으로 바뀌어 보이며, 글을 쓸 수 있게 된 노을 지는 값진 시간이 바람을 따라가며 아직도 꿈을 꾸고 있다.

잃어가는 시간 속에서

　언젠가는 올 일이라고 늘 염려는 했지만, 그 일이 지금일 줄은 생각지 아니했다. 카톡에 선생님 병고가 알려지니 놀람과 걱정, 무너지는 허망스러움과 슬픔에 허탈하게 주저앉았다. 가슴은 방망이질하고 영혼은 잠시 멈춘 듯하고 내일은 또 어떤 소식을 들을지 두렵기까지 하다. 아침의 아름다운 종달새 소리가 언제 그렇게 맑았는지 지금은 기억도 나지 않는 침울한 밤이다. 총총히 반짝이는 별을 보며 사라져 버린 기억들이 저 별이 되어 빛나고 있는지 깊은 어둠의 무게처럼 여울져 들리던 기차의 기적, 이른 새벽 교회 종소리가 은은히 들리면 감성에 젖어 이불 속에서 베개에 얼굴을 묻었던 일, 야릇한 향수처럼 외로움을 느끼던 메아리들, 정월 대보름 원색의 줄이 둥실대는 농악놀이의 힘차고 흥겨운 리듬을 구경하며 세상은 끝없이 즐거울 것 같았다. 마을의 놀이터인 공터는 꽃상여가 장지로 떠나기 전 노제를 지내는 자리로도 쓰였다. 붉고 노란 명기들이 펄럭이며, 종을 딸랑이는 상두꾼의 구성지고 애달픈 선창에 꽃상여는 움직이고, 노제가 끝나면 꼭두를 따라가는 망인의 상주들, 그 애끓는 곡소리에 연유도 없이 덩달아 울며 집에 들어와 힘없이 잠들었던 일, 단잠을 깨면 꿈처럼 잊어버리던 곡소리, 영원히 남의 일인 줄만 알았던 죽음과 이별, 만질 수 없는 유리 안의 그림 같은 기억들 지나간 시간 속에 잃어버린 것들이 되었고 잊은 채 세월은 흘렀다.
　지난해는 사십이 넘간 건강을 의탁하였던 의학박사님께서 노령으로 병원 문을 닫으셨다. 나는 갑자기 삶을 잃어버린 듯 멍했었다. "나보다 더 오래 사셔야 한다"고 원장님께 응석과 믿음처럼 농을 하며 웃던 말이 줄을 놓친 풍선처럼 허공을 나르고 있다. 웃으며 인사하는 사이 세월이 지나버린 허전함에 마음이 쓰리다. 모든 게 나를 떠나고 있다. 점점 더 빠르게 떠난다. 의지하던 어른, 사랑하는 사람들 모두가 분주히 잡을 수 없는 시간 속으로 함께 떠나가고 있는, 길 가운데서 이제 무엇을 더 잃을 게 있을까, 내 모든 것을 내려놓아야 할 텐데, 청하 문하생들과 모이는 문학 강의 시간에는 선생님이 항상 같은 자리에 계실 줄 알았고 그래야 할 것만 같았지만 흐름은 모든 것이 바뀌며 달라진다.

 문학 강의 중 선생님과 만남은 선친의 체취를 기억나게 하고 목소리는 남은 삶을 꼭꼭 채우며 살게 토닥이는 어루만짐 같아 행복하였다. 건강을 지키며 살 거라시던 말씀은 어찌하고 병원에 계신 것인지, 남은 시간을 이렇게 보내고 있는 것에 안타까움은 형언할 수 없는 발버둥 같다. 유정한 모습을 한 번 더 뵐 수 있기를 기도하다 보면 몸도 마음도 따라 아파지며 내가 바라는 것이 타당한 것인지 무리한 것인지도 모르는 애오라지 희망일뿐이다.

 사랑이든, 정이든 끈끈한 인연의 한 자락을 잃는다는 것, 많은 것을 떠나보내고 더는 그리 슬픔이 느껴질 일이 없을 것 같았지만 이 나이에도 남겨지는 것 보다 잃어가는 것들로 슬프기 그지없다. 인생의 시간은 엿장수의 가위질처럼 아랑곳하지 않고 마음대로 찔걱대며 떠나간다. 더 가까워지는 찬바람의 절박한 느낌들, 선생님의 문학 강의 시간의 많은 학시과 질책의 음성은 다시 들을 수 없는 기억으로 들이기야 하는지, 안타까움과 아쉬움은, 어둠 속 안개처럼 희미하게 흩어지며 오랫동안 쌓인 정들은 떠나는 기적 소리같이 멀어지고 있다.

 흐르는 물속에 흔들거리며 쓸려가는 이 삶에서 되돌아오기를 기다린다는 것은 아무것도 잡을 수 없는 허공에 내미는 손처럼, 세월에서 점점 멀어져 밀려가는 느낌이 서러워진다. 그래서 기다리는 희망은 아무도 모르게 더 간절해지고 있다. 무수히 소곤거리는 저 별들이 지면 밝아오는 창공에 열정의 정경들, 꽃은 피고 지고 새봄을 기다리고, 해는 지면 다시 떠오른다. 쉬지 않고 바람처럼 떠나가는 이 쓰린 순간 서산에 걸린 동아줄은 끊어질 듯 세월에 태워져 거의 다 타들어 가는데 보이는 세상은 은혜롭게도 너무나 황홀하게 눈부시고 아름답기만 한 것이 더 슬퍼진다.

선생님의 쾌유를 기도하며(2023. 9.)

짧은 인연은 깊은 추억으로

　추억으로 들어간 청하 선생님과 조용한 나의 첫 만남은 번민과 우울감에 시달리며 무미한 갈등에 용기없는 나에게 해주신 몇 마디 말씀과 선생님의 모습만으로도 큰 울림이 되어 문학으로 눈을 돌리게 하였다. 나의 무지로 늦은 만남의 애통함과 그래도 만나게 되었다는 안도와 고마움으로 마음속에 묶인 매듭이 풀리며 응어리가 녹아내리는 벅참을 느끼며 눈물을 훔쳤다.

　그러나 그 만남이 이리도 짧을 줄 몰랐다. 오랜 시간 선생님 곁에 머물고 싶었고 우리 곁에 계셔주시길 희망했던 것이 과한 욕심이었을까? 샛강에서 주저하는 제게 돛을 올리고 강으로 나가게 하여주신 선생님! 그 덕으로 지금은 큰 바다를 바라보며 강을 지나고 있다.

　삶에서 만족과 희열을 느낄 수 있게 하여주신 은혜는 내가 둥지를 떠나는 날까지 감사와 자랑이 될 것이다.

　언제나 소리 없는 온화한 미소만 지으시던 선생님, 제가 앞을 볼 수 없는 맹인의 길라잡이 지팡이에 걸려 넘어져 응급실에 가서 수술받은 친구 얘기를 들려 드린 때 큰소리로 웃으시는 모습을 처음 뵈었다. 많은 세월에도 오염되지 않은 선생님의 모습들, 선생님을 웃으시게 하였던 제 마음이 그 웃음소리에 무척 흡족히였다. 다시 만들 수 없는 그런 시간을 세월의 물살은 세차게 몰아가지만, 삶의 희로애락 들을 외침보다 큰 글로 남기게 하여주신 선생님!

　4월의 첫째 주 화요일 마지막이 되어버린 강의가 아직도 귀에 쟁쟁

하였다. "다음으로 미루는 것을 버리라고, 많이 생각하고, 많이 읽으며, 많이 쓰라고, 대하소설 『지리산』의 작가 이병주는 한 달에 장편을 두 편도 쓰는 작가라며 열정을 가지고 임하라"시던 유언처럼 남아버린 강의를 기억하며 구만리 먼 길을 떠나신 선생님의 비보에 넋을 놓은 마음을 추스르려고 한다.

미흡한 제가 마지막 강의의 뜻을 잊지 않고, 초혼의식처럼 기억과 존경은 오랜 날 나의 글 속에 배어있게 될 것을 생각하며, 꿈에라도 뵙게 되는 날 자랑스러운 제자로 서고 싶어 다시 열심히 해보려고 한다.

그 또한 그리움과 안타까움의 연민이겠지만, 선생님의 한국 문학계의 많은 업적이 우리나라 문학 역사에 살아 숨 쉬게 되리라 믿으며 선생님의 문하생으로 머물 수 있는 이 시간 자랑스럽고 행복하다. 이제 저희에게 남겨진 숙제를 생각하며 사랑과 존경하는 마음 오래도록 그리움으로 잊지 못할 것이다. 눈물처럼 떨어지는 낙엽에 무슨 이유를 물을 수 있을까 세월에 실려 가는 생멸인 것을, 선생님을 추모하며 고마웠습니다. 선생님의 영면에 절을 올리며 49재를 기린다.

2023년 12월 3일 제자 한남숙 드림

푸른 솔의 아우라 · 1

 문학기행 겸 청송군청에서 개최하는 제16회 사과 축제장으로 가려고 이른 아침 서울에서 출발했다. 한참을 가다 청송 휴게소에서 반가운 분이 차에 탔다. 아름답고 조용한 이정 시인이다. 서울과 대구의 거리가 있어 자주 만나지 못했지만, 무척 반갑고 기분이 좋았다. 청송군 거리는 깨끗하고 공기도 맑았다. 용전천 흐르는 물에는 오리도 보이고, 주택들 사이에는 추억의 양철지붕도 보였다. 아직도 따지 않은 과수원의 빨간 사과는 사랑꾼이 알알이 적은 연정의 카드 같은 달콤한 풍경이다. 용전천 변에 조성된 행사장에 도착하니 공중에 부양된 대형 풍선과 아름드리 큰 느티나무에 노란 황금 사과 모형과 또한 나무에는 빨간 사과 모형을 주렁주렁 장식하여 우리를 반기고 있었다. 앞에도 옆에도 온통 사과다.
 대여섯 줄로 이어진 많은 부스에는 특산물인 사과를 비롯하여 먹거리와 볼거리, 헤아리기 힘든 신기하고 예쁜 다육식물도 있다. 다트, 두더지 잡기, 골프, 황금 사과 찾기 등 게임들도 준비되어 모금함에 천 원 지폐 한 장 넣어서 즐길 수 있게 하였다. 모인 돈은 뜻있는 곳에 기부된다고 하였다. 곳곳에 방역 부스와 휠체어, 유모차, 수유를 위한 쉼터, 미아보호소 등 편의 시설이 있고 한쪽에는 씨름대회장도 있었다. 흥미롭게 둘러보던 중 「우리 고장 살리고 보자」라고 써진 부스가 눈에 들어왔다. 이 한 부스의 의미가 청송군청의 모든 노고가 담겨 있고 기획팀에서는 빈틈없는 심혈을 기울인 것을 대변하는 것 같았다. 짐심과 간식도 먹고 오달진 가운데 다시 차에 올랐다. 아름답다던 넓디넓은 산소카페 청송정원의 백일홍은 늦가을 비로 인해 꽃 한 송이 없는 붉은 땅을 이루고 있었다. 나는 그 땅 위에 상상으로 꽃을 채워보다 넓은 솔밭을 보는 순간 눈을 뗄 수 없는 아우라에 사로잡혔다. 점점 멀어져 가는 푸르름의 풍광을 빨려들듯 바라보았다. 숲의 바늘잎 사이사이에서 솔바람의 얘기가 들려오는 상상의 환청을 만들며, 잠시라도 여유있게 머무르고 싶었지만, 다음 목적지를 향해 가는 차는 내 마음을 알리 없이 지나가고 있었다.

　김주영 작가의「객주 문학관」에 도착하니 놀랍게도 시골이라는 생각은 나를 민망하게 했다. 국내에서 가장 큰 문학관이라며「진보 여중」「혜성 종합고등」「전산 정보고등」「신보 제일고등」학교라는 명칭을 거치며 2005년 폐교된 건물을 군에서 매입하여 보수와 개축을 거치며 2014년 개관되었단다. 우리가 온다는 소식을 듣고 기다리고 계셨던 김주영 선생님이 입구에 나오셔서 잠시 만나 뵙고 기념사진도 촬영하였다. 그렇게 문학관에 들어가서 깨알 같이 써진 원문 노트를 보니 경이롭고 감탄스러웠다. 소설「객주」는 사 년 구 개월간 1465회에 걸쳐 서울신문에 연재되었고, 책으로도 출간되었으며 인터넷에서 웹툰으로도 볼 수 있다며 큐레이터는 자랑스럽게 설명했다. 옛 보부상의 치열한 삶을 조명하고 있는 망언, 행패, 도둑질, 간음을 금기시하고 행수들의 관리가 필요하였던 시절의 보부상들은 기가 센 장사꾼이었던 것 같다. 글을 쓰다 팔베개하고 누운 모습의 마네킹은 작가의 실물과 같아 보였고 심혈을 기울이다 지친 고뇌를 멈추고 새로운 영감을 꿈꾸는 모습 같았다. 영상실에서 보여주는 미디어 영상의 주막에서는 막걸리와 안주 냄새가 나는 듯이 느껴지며 거나한 보부상들의 거친 목소리가 뒤섞여 화면만으로도 취기가 드는 것 같았다.

박물관은 겉보기도 크지만, 내부 곳곳에 필요한 시설들이 잘 설치되어 있었다. 농촌의 인구감소로 학교 수가 줄어들고 이렇게 넓었던 학교의 학생들은 성인이 되었을 지금은 어디에 있는 것인지 젊은이 없이 고령화되는 사회가 두렵고, 대도시에도 아이들이 많지 않아 초등학교의 입학생이 계속 줄고 있다고 하니 걱정스럽기만 하다.

이어서 폐교된 신촌초등학교를 개조한, 군립청송 야송미술관, 이원좌 화백의「청량 대운도」전시관으로 갔다. 청량산 그림의 높이 6.7M, 길이 46M는 사백 여장의 종이로 이어진 거대한 작품이 한 벽면을 채워져 전시되어 있었다. 전시장을 지키고 있는 작가의 아들이 그림에 대한 설명을 해주었다. 중심부에는 주왕산 절벽도 보이고 왼쪽의 대각선에서 오른쪽을 바라보니 산과 산 사이의 구름에 바람이 일어나는 듯이 눈의 착시를 일으켰고, 위로 올라가 이 층에서 바라본 전면의 모습은, 마치 구름이 움직이는 것처럼 산의 깊은 숨소리가 들려오는 듯하였다. 그런 위압감에 현기증을 느꼈다. 청하 선생님은 교분이 깊었던 화백이 세상 뜨신 것을 모르시다 그제야 화백의 아들에게서 자세히 들으시고는 몹시 허전해하시고 삼 년 전 야송 화백의 팔순기념 전시회를 회상하시며 크게 슬픔에 잠기시는 듯하였다. 큰 구름산의 그림이 슬퍼하시는 청하 선생님을 보고 위로하고 있는 느낌이 들었다. 작가가 소장하셨던 좋은 작품이 많이 기증되어 전시장을 채우고 있었으며 작가가 건강을 해쳐가면서 투혼을 다하신 모습을 연상해보다가 아득한 삶의 무게에 나는 버거움을 잠시 느끼기도 했다.

청송에는 천연기념물인 느티나무를 비롯해 유형, 무형문화새와 중요 민속자료, 문화재자료 등 조선 시대의 잘 지어진 고택들과 한지장 등 명승지가 많이 있는 고장이며 해마다 사오월에 산철쭉 꽃이 필 때는 주방 천 계곡을 따라 주왕산의 넋을 기리고 관광객의 안전을 기원하는 '수 달래 제'가 열리고, 격년으로는 시월 추수기에 용전천과 군 일원에서 농산물박람회 농악경연과 씨름대회, 제등행렬, 풍년기원제, 패러글라이딩 등 푸짐한 행사가 열리는 문화제도 개최되고 있다고 한다. 사과와 미송만 자랑스러운 게 아니라 청송군청의 체계적인 관광 행정과 축제 추진위원회도 많은 일을 하는 것이 자랑스러워 보였고 군민의 사기도 올리고 경제에도 신경을 많이 쓰고 있는 것이 여행하는 동안 흐뭇하고 고장을 위한 군청의 행정도 생각해보는 시간이 되었다.

  약수 삼계탕으로 저녁 식사를 한 후 정다연 이사가 준비한 모닥불 파티가 있었다. 교통편과 숙박 등 군청의 많은 지원에, 우리는 맛있는 사과를 많이 사는 것으로 보답하자며 앞 다투어 사과를 샀다. 다과가 차려있고 색소폰 소리와 작가들의 노랫소리 속에 모닥불은 타닥거리며 문인들의 정열처럼 타고 있었고, 달밤의 전등불 옆에서 자작시와 애송시도 낭송하고, 인자하신 박성두 명창님의 소리로 흥겨운 여흥도 마무리되었다. 숙소로 가다가 본 밤하늘의 멋진 풍광, 야! 정말 오랜만에 나무에 걸린 달을 보았다. 서울의 빌딩 숲에서 잃어버린 나뭇가지 사이의 달! 청송의 우듬지에 앉아 웃고 있었다. 그 달빛 아래 단풍 옷이 흘려내려 부끄러운 나복은 발그스레 얼굴을 붉히며 수줍은 듯 눈을 깔고 깊어가는 청송의 어두움은 나뭇가지의 달빛으로 아름답기 그지없는 청초한 밤이다. 오늘의 모든 얘기가 낙엽으로 숨어들고, 달빛의 긴 그림자를 안아주고 싶은 이 밤! 덧두리 같이 덜렁대고 온 나의 마음을 청솔의 향기가 포근히 덮어 주었다.

신촌리의 밤

푸른 솔의 아우라 · 2

　신촌리의 신촌약수탕에서 다정한 얘기와 웃음으로 편한 밤을 보내고 아침을 맞았다. 구수한 국으로 아침 식사를 한 후, 전통 복식학회 회원이신 정다연 이사 지도로 꼭두서니 삶은 물로 염색 체험도 하고 염색된 손수건도 하나씩 챙겼는데, 이 모든 혜택이 청송군청의 관광 지원 사업의 일환이다. 우리도 작은 도리를 하고자 전원이 이곳의 특산물인 사과와 사과즙을 주문하였다. 맛있는 사과를 먹을 수 있고 선물도 할 수 있어 서로 좋은 일이 되었다. 오른쪽으로 주왕산을 바라보며 다리를 건너간다. 다리 아래 갈증에 허덕이는 하천에 드러난 돌들은 고갈로 이끼조차 없는 벌거숭이다. 주왕산 입구에 도착했다. '국일도 대선사'라는 팻말을 보며 한 십여 분 올라가니 대전사의 관음전이 보였다. 돌로 탑을 쌓으며 기도를 하는 곳이 있고 이 절은 청송의 문화재로, '보광전'이라고 써진 곳을 들여다보니 정확히는 모르지만 여러 부처가 그려진 탱화가 보였다. 옆으로 보이는 기암괴석과 폭포와 단풍으로 경치가 수려한 주왕산은 국립공원으로 지정된 곳이며 경북의 소금강이라고도 불리는 경치다. 주왕산을 비롯하여 청송읍을 기점으로 백두대간이 펼쳐지는 동남쪽 지형에 현비암, 달기폭포 얼음골, 월매계곡 신성계곡, 절골계곡, 수정사 계곡 등 청송 팔경이 있는 곳이다. 둘러보고 싶은 마음보다 발의 통증이 더 심하여 혼자 내려가 차에서 쉬어야겠다는 생각이 들었다.
　내려오다 일주문 바로 옆에 동종이 있는데 소원을 비는 종이라며 보시한 만큼의 소원을 이뤄 준다고 쓰여 있었다. 그 글을 누가 쓴 것인지? 속세의 때가 가득 묻은 말처럼 느꼈다. 돈을 많이 넣으라는 말인지?, 없는 사람은 소원도 빌지 말라는 것인지?, 절에서 써서는 안될 것 같은 글처럼 생각하며, 적어 놓지 않아도 소원을 빌고 싶은 사람은 보시함을 그냥 지나치지는 않을 것이라는 생각이 들었다. 바람의 悲歌비가처럼 울리는 風磬풍경이 없는 사찰에서 한낮의 인경소리라도 듣고 싶어 아무도 없는 종각에 올라가 보시함에 쓰여 있는 글의 위력에 눌려 만원 지폐 한 장 넣고 撞木당목을 당겼다가 종을 쳤다. 귀에 맴도는 듯 흐르는 울림에 영혼을 맡기니 소원은 말하지 않아도 좋았다. 소리가 좋아 절에서 누군가가 말릴 때까지 종을 치고 싶었지만, 나의 도덕성은 그러지 않았다. 혼자 웃어보았다. 내려오며 보이는 특산물 상가들에는 자연산 버섯과 찐쌀, 사과, 엿 등 맛있어 보이는 것들이 많이 있었다. 싸리버섯과 능이도 사고 나눠 먹을 엿도 구매하여 차에서 쉬고 있으니 주산 저수지를 가려고 일행들이 모두 다시 차에 탔다.

 청송은 '유네스코 세계 지질공원' 명승 제105호로 지정되어있는 보존 지역이다. 저수지로 들어가는 길목에는 작은 뱀도 지나갔다 계절의 기후도 수상하니 음력 시월 열여드레인데 파충류까지 동면을 잊고 설레발이다. 물속에서 버드나무가 자라는 유일한 저수지라고 하며 사계절의 경치가 아름답다고 하는 곳이었다. 올라와 보니 들었던 대로 신음이 나올 듯 아늑한 풍경이었다. 저수지 물 위로 살포시 안개가 내려왔다 올라가는 현상은 파라다이스의 풍경이라며 시월의 아침에 자주 볼 수 있다고, 지나가는 한 낯선 분이 말해주었다. 애석하지만 십일월인 지금은 볼 수 없었다. 나빌 거리는 나비처럼 물에 뜬 낙엽은 유랑객이라고 하였던가, 그 낙엽의 하나는 지금의 나의 모습은 아닐지 사람의 생도 유랑 같다

나무도 뿌리 위에 숨구멍이 있다는데, 물속에 잠겨 썩지 않고 자라고 있는 것이 신기하였다. 과학으로 증명할 수 없는 자연의 조화는 알 수가 없다. 사람들은 더 깊은 안쪽으로 들어가면서 절경을 보려고 하였지만, 계속되는 발의 통증이 잦아들지 않아서 작은 바위에 앉아 쉬면서 주산지를 바라보았다. 잎을 벗은 나뭇가지 사이로 쏟아지는 태양에 여린 가슴처럼 떨리는 저수지에 비치는 황홀한 물그림자는 끊어질 듯 이어진 금실 타래가 물살을 어루만지듯 반짝이었다. 조선 숙종 원년에(1720년) 월성 이씨 가문에서 시작하여 인공으로 만든 농업용이었다는 저수지는 세월이 흐르면서 자연의 손길로 가꿔진 풍경이 영혼을 끌어안을 듯이 시야 앞에 몽환의 신비로움으로 펼쳐있었다. 영화 촬영지로 이름이 더 알려졌다고 하였지만, 그 이유가 아니라도 충분히 아름다운 곳이다. 그곳에는 수리부엉이, 목탁 새, 원앙새, 바람개비 매들이 둥지를 틀고 알을 부화시키며 삶을 이어가는 터전이기도 하였다.

 이 자연의 자원을 청송군청의 관리와 홍보행사들로 관광지로 거듭나면서 청송군민에게 더없이 좋은 일 같았다. 그 외에도 관광객들의 이해를 돕고자 생태지질 관광 전문 해설사의 역량 강화 교육도, 시키고 있다고 하였다. '청송' 하면 사과와 격리된 교도소가 있는 곳이라고만 알았는데 웅장한 산과 아름다운 저수지, 솟아나는 약수, 맛있는 골부리(다슬기) 국수, 청송 심씨의 자부심― 작은 도시라고 생각하기에는 참으로 은혜로운 곳이었다. 그리고 우리나라 왕비 중에 가장 많은 성씨는 한씨가 일위, 민씨, 윤씨가 이 위라고 들었는데 이곳에서도 두 명의 왕비가 나왔단다. 세종의 왕비 청송 심씨 소헌 왕후는 여덟 명의 왕자와 한 명의 공주를 낳았고 내명부의 모범인 왕비였다고 기록에 남아 있으니 이 지방의 자존감이 다시 느껴진다.

 이곳의 주민들은 우람한 산의 정기 아래 얼음골 바람이 불어와 향을 가득 채운 사과를 기르고 사과처럼 단아하게 자란 정숙한 여인은 세종의 비가 되었음을 본받고 아름드리 자란 靑松청송은 문화재의 기둥으로 서고 그들의 인심은 약수로 솟아 목을 축여 주며 긍지를 갖춘 고장인 것 같다. 나는 이 늦가을의 객으로 청송을 떠나며 언젠가 새가 울어대는 봄이나 단풍이 온 산야를 물들일 때 아름답게 보존하는 이 주산지를, 내게서 떠나지 않을 나의 그림자와 다시 찾아와 숲의 향기와 주산지의 유혹에 빠져보고 싶어졌다. 아픈 발로 자세히 둘러볼 수 없었던 것이 아쉬움으로 남았지만, 영혼을 숨 쉬게 하는 문화와 아름다운 자연, 약수를 뿜어내듯 후덕하게 맛보라며 깎아 주던 사과 인심, 주산지의 잎을 잃은 물속의 왕버들이 쏟아지는 별빛 아래서 가지마다 봄을 기다리며 움을 틔우려고 소곤대는 소리가 들리는 밤, 다시 이 기억에 머물러보리라.

제4부

아띠

금잔화

　둘째 아들의 일을 도와주느라 밤길만 다니던 화성의 며우리 시골 농장으로 들어가는 길은 지주들이 조금씩 내어놓은 좁은 농로다. 양쪽으로는 논으로 가는 수로가 있어 조금만 부주의하면 차가 전복될 위험이 있는 길이라 여간 조심스럽지 않았다. 그 일백여 미터의 굽어지는 논길로 하여 다른 곳에 신경을 쓸 수 없이 길 앞만 보며 지나다녔다. 그러다 하루는 급한 주문으로 저녁까지 기다리지 못하고 낮에 다녀와야만 하여 차도가 복잡할 것을 걱정하며 출발하였다. 하지만 밝은 낮이니 차창 밖의 많은 풍경이 잘 보여 어둠과는 달리 시야가 탁 트이는 시원함이 무척 좋았다. 고속도로와 국도를 지나 시골길로 접어드니 대추나무, 꽃사과 나무에 알알이 맺은 열매며 길옆의 샛강과 어둠에서 보지 못 했던 농장의 안내판도 볼 수 있었다. 논의 벼 사이사이 외떡 식물인 피들이 벼보다 더 잘 자라고 있는 것을 보며 떠오르는 게 기생충이다.
　어찌 그리 생활의 모습들은 비슷한지 서로 도우며 사는 악어새가 있는가 하면 모기처럼 남의 피로 살며 번식하는 것들도 있다. 약육강식이나 감 바리 같이 기생 하는 것들이 생겨나는 것이 삶의 사슬에서 녹이 핀 한 조각의 쇠붙이 같다는 생각이 들었다. 녹이 핀 쇠는 옆으로 녹물을 서서히 스며들게 한다는 걱정스러운 생각을 하면서도 상쾌한 시골 정경을 보며 목적지에 도착했다. 농장의 입구에선 차 문을 열자 상긋한 향기가 바람의 연기처럼 공기 속에 스며들어 나를 휘감는 듯하였다. 농장 앞집의 넓은 땅에는 형형색색의 아름다운 꽃들이 흐드러지게 피어 나뭇가지마다 크고 작은 꽃들이 송이송이 많이도 달려있었다. 어쩜 이런 꽃 무리를 눈앞에 두고도 몰랐다니 마치 금방이라도 사라질 곡두 환영을 보는 것 같았다. 진정 이런 것을 볼 수 없었던 어둠은 무섭고 두려운 슬픈 것이라는 생각이 들며 밝은 빛이 새삼 감사하다는 생각을 했다. 나비 떼가 노니는 가운데 누군가 꽃을 따고 있었는데 그곳은 꽃을 건조 시켜 차 재료를 만드는 화훼농장이었다.

 옆의 농장으로 들어가는 길 양쪽으로는 삼십 센티 정도 자란 금잔화가 빼곡히 피어 있는 것이 어림으로 오백여 그루 이상은 능히 되어 보였다. 노랗고 붉은 색이 융단을 깔아놓은 카펫처럼 아름답고 예쁜 길이다. 그 길로 들어가는데 새끼를 번식하여 불안한지 울어대는 새 소리가 박수처럼 들리며 나르는 나비의 춤은 내게 무엇을 얘기하는 듯하여 하늘 아래 다른 세상을 걷는 기분이 들었다. 농장 주인의 얘기는 모종은 꽃집에서 심었고 첫 번 꽃만 꽃집에서 가져가고 가을까지는 당신네가 꽃을 따기로 하고 땅과 모종을 품앗이한 것이라고 하였다. 주차한 곳 옆에 한 평 반은 되어 보이는 넓은 평상에는 금잔화 꽃송이만 노랗게 쌓여 있있나. 항상 괴괴한 냄새가 나는 밀폐된 농장으로 들어가 작물만 받아가기 바빴지만, 오늘은 밝은 시야에 너무나 아름다운 것들이 많이 보여 잠시 회의에 빠졌다. 스며드는 향기며 옆의 꽃들에 눈을 돌릴 수 없었던 조급한 시간이 힘겨워지고 피곤함이 밀려들며 언제까지 회전 초같이 이 일을 도와주어야 하나 하는 부담에서 자유로워지고 싶어졌다.

 막힘없이 탁 트인 들판의 창공에는 새털 같은 구름이 바람과 속삭이며 시리도록 푸른 빛 속으로 흘러가는 것도 너무나 아름다웠다. 우듬지의 아래 새집에서 지지대는 새끼병아리가 마치 기다리고 있을 아들의 모습처럼 떠올라 모든 풍경에서 시야를 돌려 농장에서 준비해준 물건을 받아 서둘렀다. 농장 주인은 비닐 자루에 금잔화를 가득 담아 망막 이식을 한 나에게 차로 끓여 먹어 보라며 안토시안을 만드는 원료로도 쓰이고 루테인이 많이 함유되어 있다고 알려주셨다. 아들 덕에 알게 된 고마운 인연들이다. 돌아오는 길에선 저장되어있는 프로그램처럼 깊은 어둠 길, 항상 정해진 자리에 차를 세워 내려다보는 별빛을 모르는 척 농토에 거름을 뿌리던 남편은 오늘 같은 밝은 태양 아래에서는 점잖은 양반 체면에 참고 휴게소까지 간다며 계면쩍게 웃고 있었다. 그래! 양반뿐만 아니라 사람으로 살아가는 데는 가려야 하는 일들이 많은 거라며 같이 웃어보았다.

  금잔화는 눈에 도움 되는 성분이 많은 꽃이며 부작용이나 독성은 없지만 지나치게 많이 먹으면 황달처럼 얼굴에 노란빛이 나타날 수도 있단다. 오래전 이 꽃 옆으로는 뱀들이 가까이 오지 않아서 산 아래 집집마다 금잔화를 심어놓는다는 말을 들었다. 그 기억으로 상식도 없이 막연히 독성이 있는 것으로 생각하였던 꽃이었다. 정성껏 찜통에 찐 꽃을 말려 여유의 멋이 아니라 시야가 답답한 눈에 조금이라도 좋다는 말에 솔깃하여 노안으로 진행하는 불편함을 해소시켜보고자 차의 맛을 떠나 계속 마셨다.

  아들의 일에서 손을 놓은 지금 다른 건 몰라도 탁하던 시야가 약간은 깨끗이 보이는 것 같다. 꽃의 효능인지 심리적인지 확인할 수는 없지만, 막연히 계속 마시면 도움이 될 것 같다. 금잔화는 천수국으로도 불리는 국화과의 꽃으로 외래 명칭은 마리골드로 불린다고 했나. 아름다운 꽃이나 자연이 삶의 멋보다는 내게는 어느새 좋은 약재로 생각되고 있었다. 한잔의 차의 여유로움 이제는 점점 자신 없어지는 건강에 누군가에 짐이 되지 않으려는 마음으로 바뀌고 있다. 차를 마실 때마다 스스로 작은 위안을 가지며 살아가는 동안의 바램은 어디가 끝일까, 많은 꽃이 필 유월이 기다려진다. 농장 주인이 좋아하는 떡을 사 들고 가서 만개한 꽃을 한 아름 안고 오려는 마음은 희망과 욕심의 차이를, 혼돈하며 하얀 찻잔에 바람을 불어 본다. 따뜻한 물 안에서 다시 피는 금잔화를 더 잘 보기 위해 떫은 꽃차를 미소 같이 느끼며 마신다.

술을 마신다

문우 선배님들을 만났다. 세 분이 모이면 술판이다. 원래는 네 분이었으나 한 분은 거리가 멀었다. 코로나도 두려움이 되어 자연히 모임에서 멀어지고 세 분은 연락만 되면 기회를 만드신다. 신기하게도 취하지 않는 것 같았다. 취할 때까지 동석하지 않은 탓으로 내가 보지 못한 것인지 정말로 애주가들이시다. 소주, 맥주, 막걸리 각자 취향대로 시키신다. 모두 연세에 비해 건강하시다. 자주도 마시고 많이도 마신다.

술!

술에 얽힌 얘기하나 해야겠다. 한 아가씨에게 첫눈에 콩깍지가 팍 씌워진 친구가 있었다. 그 아가씨 때문에 일도 제대로 못 하고 조바심을 내곤 하였다. 친구의 마음을 사로잡은 아가씨는 둥글고 약간 까무잡잡한 피부에 맏며느릿감처럼 후덕한 인상에다 선량한 느낌에 건강한 체격이다. 친구는 그 아가씨를 생각만 하면 누군가가 채어 갈까 조급해졌단다. 그런데 문제는 그 아가씨는 웬만한 남자보다 주량이 세며 술을 즐긴단다. 학생회 대표라든지 모임의 책임자가 되는 걸 좋아했다. 똑똑하기도 했지만 편하게 술을 마실 기회가 많이 생기게 되는 중책을 맡는 것을 좋아한단다. 반면에 이 친구는 술을 못한다. 그럼에도 그녀의 평생 동반자가 되기로 작심하고 데이트 때마다 같이 술을 즐기다가 모르게 술을 버리기도 해가며, 그녀가 술을 잘못 하는 걸 눈치 차리기 전에 가능한 한 빨리 결혼할 것을 염두에 두고 실수하지 않으려고 애쓰는, 즐겁기도 하고 불안하기도 한 데이트는 이어졌었다. 그렇게 시간은 흐르고 사랑은 무르익어 그녀의 집 근처에서 긴 시간 결혼 계획이며 여러 얘기에, 술을 버리는 걸 잊고 주는 대로 마셔버렸다.

 자동차가 붐을 일으키기 시작하였고 너도나도 자가용 시대가 도래할 무렵 자동차 엔지니어인 친구는 직장에서도 잘 나갔다. 그녀의 입장에서 보면 예절 바르고 돈도 잘 벌고 촉망받는 기술자였다. 더구나 술도 같이 즐길 수 있으니 그녀에게 더없이 흡족한 사람이었다. 그녀는 한 번뿐인 인생! 사랑하는 사람과 행복을 만들며 후회하지 않게 열심히 살며 인생을 즐기겠다고 약속해 주었단다. 그 말을 들은 친구는 그날 요즘 애들 말로 정말 기분, 째지는 날이었다며 천국이 여기구나! 생각하며 곧 부모님 찾아뵙고 상견례 날을 잡고 빠른 결혼을 진행하기로 마음먹고 집으로 가는데 몸이 생각처럼 움직여주지 않았단다. 그때 회사에서는 이년에서 삼 년간 장기 해외 근무 발령이 나 있어서 결혼하고 같이 중동으로 가기로 약속까지 하고 가는 길이었단다.

 흥얼흥얼 자작곡 콧노래가 나온다. "잡아놓은 고기에는 입감이던 떡밥은 안 줄 거야" "술은 얼마든지 사줄 테니 혼자 마시라고" "나는 너만 좋지 술은 안 좋아한다고" 속말을 흥겹게 중얼대며 날아 갈듯한 마음을 지우 붙집고 비틀비틀 섰다. "이건 웬 미끄럼틀이지?" 기분 좋게 미끄럼 한번 타고 잠이 들었다. 방안이 시끄럽다. "죽은 거 아니야?" "아니야 살아 있는 것 같은데요" 한참 단꿈을 꾸며 자고 있는데 시끄럽게 웅성거린다. 성가신 마음으로 눈을 부비었다. 밤이 짧은 여름이라 새벽 네다섯 시쯤 되었나 안개인지 구름 위인지 부옇게 보였는데 웬 사람들이 둥글게 싸고 있었다. "나를 내려다보고 있는 거였어. 난 여기가 어디지? 나를 심판하는 것인가 내가 죽어서 지옥인지 천당인지에 떨어졌나 보다, 생각했었지 나는 흙 속에 누워있었으니 말이야" "겨울이었으면 나 동사했을 거야" 그 친구는 마냥 흐뭇하게 웃으며 여자친구에게는 비밀이란다. 친구들은 "시골길 똥통에 안 빠진 걸 감사해라" "그래그래! 두 팔을 하늘을 향해 펼치며 큰소리로 아멘!"을 외치고 안전하게 다시 만난 것에 모두 즐겁게 파안대소를 터뜨렸다.

 술에 취해 큰 수도관 교체 공사 웅덩이에 빠져 잠이 들어버린 것이었다. 눈을 뜨고 현실을 인지했으나 창피한 생각은 나지 않았단다. 살아 있는 것이 마냥 좋았고 "나 곧 결혼할 거야" 하는 생각뿐이었단다. 주위 사람들 도움으로 지상으로 올라왔었다.

 그는 결혼식 날 계속 실실 웃었다. 보다 못한 그의 부모님은 "진득하니 무게 있게 입 좀 다물라"고 하시니 친구의 장인과 장모님은 더 좋아하며 웃으셨다. 양가의 묘한 부모님 마음이 보이는 것이었다. 원하는 걸 갖게 되거나 이뤄지면 한동안 꿈같은데 어찌 웃음이 쉽게 멈춰질까! 그날 밤 신부는 신랑이 술을 못한다는 것을 알았단다. 신부는 호텔 방에서 배를 잡고 앙천대소를 터트리며 새신랑에게 고생 많았다고 사랑 가득한 애처로운 눈빛으로 바라봐 주더란다. 그 부부는 열심히 살았고 그의 집에는 항상 술병이 진열되어 있었다. 언제라도 먹을 수 있는 아내의 술이다.

 그의 아내는 세심한 살림꾼이었다. 나이가 들어가면서 친구는 그녀와 함께하는 삶을 항상 감사한다고 말했다. 행복하고 편안해 보였다. 그는 아내의 친구에게나 자신의 친구들에게도 기회가 있으면 술을 잘 대접하지만, 정작 자신은 먹지 못한다. 술을 먹는 것과 마신다는, 어떻게 다른 것일까? 먹으면 소화되고 마시면 취하는 것인지! 그 친구 모습에 술이 한 잔 들어가면 그 행복이 더 멋있어 보일 것 같았다.

 술 한잔에 떠오르는 기억이다. 외국에서 근무하며 연락이 두절 된 친구 어딘가에서 아내의 안주만 집어 먹으며 즐거워하겠지! 삶이라는 것에 술을 더하면 요지경의 요람 같기도 한 것, 술잔에 벗긴 시 한 구절 지어 담아서 마신다면 많은 기억을 잊어도 인생은 아름다울 것 같다. 젊은 날 취기에 흙바닥에 한 번 넘어진들 어떤가! 사랑이란 정열은 언제나 일어날 수 있는 든든한 주춧돌 같은 인생의 지팡이 아니던가!

시간의 노래

 잠들지 못하는 밤, 호텔의 창가에 앉아 해운대 바다의 칠흑 같은 어둠을 바라본다. 깜박이는 등대와 위험을 알려주는 부표 등은 파도에 취하여 비틀거리고 비치의 호텔 간판 등은 휘황하게 밝히지만 불 꺼진 객실은 적막하기만 하다. 어둠이 시작되는 저녁 시간에는 모래사장 위에서 LED 불빛 축제가 화려했다. 수평선을 배경으로 밀려오는 파도는 하얀 물거품으로 바다의 경계를 알리고, 백사장에 줄줄이 이어진 전기선의 불빛 축제는 끝없이 생동하는 바닷속을 그리며 보여주었다. 돌고래를 위시한 많은 수중생물이 움직이며 그 위로 범선도 지나갔다. 해맑은 아이들이 바다의 생물들을 들여다보며 신기해하는 그림도 그려지며 바닷속 생물과 인간들의 상생을 알게 보여주었다. 자연을 보호해야 하는 우리의 의식을 깨워주는 것을 목적으로 하는 축제임을 알 수 있었다. 사람들의 끝없는 욕심과 호기심, 공명심으로 하여 문명의 이기 속 지구의 삶에는 많은 문제가 발생 되고 있다. 그러므로 자연환경을 보호해야 하는 것은 영원한 숙제를 풀며 살아가야 할 우리의 몫일 것이다.
 뜻깊고 화려한 축제행사 중에 친구들과 모임은 축복 같은 시간으로 우리는 징열이 넘치듯 머무르며, 몇 장의 사진을 남기고 아름답다는 말로 그 시간의 많은 감정을 함축시켰다. 그러나 문명의 발달로 만들어진 향기 없는 환상의 화려한 빛은 얼마 가지 않아 피로를 느끼며 지루하게 되었다. 불빛을 피해 바다로 시선을 돌리니 어두워진 시야에

짭짤한 맛이 감도는 것 같은 차가운 물 내음의 향기가 짙게 느껴졌다. 모래사장의 화려한 불빛도 시간이 지나 모두 잠들었다. 어둠 속에 숨바꼭질하듯 거친 파도는 보이질 않는다. 나는 술래가 된 듯 파도를 찾아본다. 요즘은 배에 장착된 레이다로 배들이 바다를 안전하게 횡단하니 할 일을 잃은듯한 부표 등만 몸 둘 바를 모르며 물살에 안절부절못한다.

　백사장엔 모든 짐을 놓아 버린 듯, 평화롭게 거니는 쌍쌍의 남녀들이 간간이 보인다. 그들을 따라가고 있는 모래 위의 긴 그림자, 발끝에 끌려가는 모습이 마치 진혼곡을 연주하는 듯하다. 우리가 사는 동안 빛의 반대쪽에 있는 떨칠 수 없는 삶의 그늘이다. 그럴지라도 연인들은 꿈과 사랑을 그리며 어둠 속 두려움을 헤쳐나가는 용기와 지혜로운 삶, 그 모습이 마치 충실한 나날을 보내는 '카르페 디엠'이라면 긴 그림자는 우리의 훗날을 염두에 두고 살아야 하는 '메멘토 모리'를 생각하게 하였다. 달도 별도 코로나에 지친 듯한 이 밤, 점점 빛을 잃어간다. 호텔의 로고 깃발은 밤새 펄럭거리고 한 줄 한 줄 차례로 밀려오며 사라지는 파도의 하얀 거품은 우리네 삶의 능선을 떠올리게 한다.

　해 뜨는 아침 여섯 시 사십오 분 바다는 서서히 내려졌던 막을 올린다. 수평선 위 산맥 같은 자욱한 해무의 능선 위로 여명을 알리는 황색 선이 올라온다. 해무 숲을 헤쳐 빛을 보이는 해는 마치 물안개를 태울 듯 이글댄다. 태양은 밤새 화려했던 불빛들을 초라하게 만들었고 빛을 잃은 부표 등은 태양을 반기듯 흔들고 있다. 그 모습이 생활 속으로 다시 돌아가는 어지러운 세태의 뒷모습처럼 가슴에 또 다른 무거운 전율이 인다. 모래 위 발길들은 희망을 다시 다지고, 햇빛에 놀려 창공으로 날아가며 모습을 바꾸는 구름 떼의 자유로움을 보며 나도 자유로운 기지개를 켠다.

　점심을 나눈 후 한 친구가 변모한 부산을 구경시켜준다며 차에 우리를 태우고, 송정해수욕장을 넘어가는 구릉지의 달맞이 고개를 지나 기장의 공수마을 어촌 체험장 등을 돌아보았다. 놀라웠다. 육십 년 전 기차로 다녔던 부산 외곽이 부산시로 편입되고 이 모든 변화들이 아래로 내려간 턱이 멈춰진 듯 벙벙하게 하였다. 구덕포를 지나다 차에서 내려다보는 바닷속에는 또 하나의 태양이 있었다. 유리 같은 푸른 물, 바다는 하늘의 거울이었고. 아스라한 하늘은 바다의 반사경이 되었다. 불같은 태양을 품은 얼음 같은 바다의 이질적인 절경은 나의 가슴에 충격처럼 다가왔다. 내려진 차창으로 바위 짬 어딘가에 남아있는 백리향의 향기가 마음을 녹일 듯이 감미롭게 흘러들어 코끝에 스쳤다. 부산의 남쪽 황령산 해발 427M, 카페에 앉아 한잔의 차에 아름다움과 놀라움에 취한 마음을 녹이고, 망루처럼 둘려진 창밖을 바라보았다. 사방이 한눈에 다 보였다. 쨍쨍한 햇빛에 반사된 하얀 백색의 해양도시, 높은 건물들, 내가 떠난 반백 년이 이렇게 변하였다니 높은 곳에서 내려다본 부산, 마치 손바닥 안의 조감도를 보는 듯 쥐어질 것 같았다.

　청운의 많은 꿈이 아직도 부산 하늘에 맴돌고 있는 듯 구릉지에서 부는 바람이 얼굴을 스치며 머리카락을 휘젓는다. 애틋한 나의 피 나눔들이 사는 곳을 찾으며 상념에 젖을 때, "저기가 너의 고향이다"라며 친구가 가리켰다. 바다로 둘러싸여 큰 다리로 이어진 절영도, 실향민인 내게 고향을 만들어 주는 내 친구, 말할 수 없이 그리웠던 단어, 가슴이 찡하며 눈앞이 흐려졌다. 너무나 변하여 낯설어진 모습의 도시, 그래도 절영도의 하늘 위에는 아버지 어머니가 우리를 부르던 모습과 목소리가 들리고 있었다. 울컥해진 마음, 친구들의 고향 속에는 나도 있었던 것을 나는 몰랐다. 친구는 내 마음속에 고향을 잃고 울고 있던 돌 지난 나를 세상 밖으로 불러 내주었다. 시간은 쉬지 않고 째깍거리며 노래를 하고 고향을 뒤로하고 배를 타고 어머니 품에 안겨 남으로 온 돌쟁이는 너무 기쁜지, 슬픈지 울어 버리고 싶었다. 시간의 노래를 들으며 세월이 가는 것은 보지 못했던 친구들과의, 즐거운 만남 세상 밖으로 나온 돌쟁이가 그들의 고향 속에 함께 뒹굴며 감격한다. 고맙다고 청춘의 꿈과 정들을 반기 살이 하였던 친구들의 따사로운 말에 솟아 나올 듯한 눈물을 감추며 기억의 조각들이 모자이크처럼 이어졌다.

시련은 삶을 성숙시키며

　친구를 만나려고 즐거운 마음으로 고속버스를 탔다. 창밖의 파란 하늘은 무한한 세상을 다 내려다보고 있다. 올곧은 친구 얼굴이 차창 밖에서 웃고 있다. 연탄가스(일산화탄소) 사고로. 친구는 딸아이가 뇌 신경을 다쳐 평생 장애를 갖고 살게 된다는 의사의 진단소견을 들은 날 하늘이 무너져 내리는 것 같았다고 한다. 어찌 안 그럴 수 있는가 너무나 가혹하게 들리는 말 같았는데도 살아있다는 것에 한없이 감사하며 울어야 했지만 주저앉을 사이도 없이 딸을 위해 부모로서 더 열심히 노력하였단다. 부산서 가까운 김해에 작은 장애를 갖고 어머니와 사는 착실한 사윗감이 나와서 딸아이를 시집을 보냈다. 결혼해서는 건강한 두 아들을 낳아 시어머님의 도움으로 잘 키우며 살고 있어 친구는 시돈에게 고맙고 미안한 마음에 조금이라도 도움이 되어드리려고 했다고 한다. 그러나 외손주들이 초등학교 다닐 때 갑작스레 사위가 구급차로 응급실에 갔다는 비보가 왔었다. 급성 심장마비로 손쓸 겨를도 없이 사위를 보내야만 했다. 경황없이 사위의 장례를 치르고 외손주들의 친할머니는 하나뿐인 아들을 잃고 보배 같은 두 손주를 아들을 생각해서인지 불편한 며느리를 계속 거두며 손주들을 키우시겠다고 하셨단다.

　장지에서 돌아오며 계속 우는 딸에게 친정아버지는 "아버지가 있으니 용기 내어 살아 보자" 하니 딸은 "아버진 내 남편이 아니잖아. 나는 신랑이 죽었고 아이들은 다정한 아버지가 이젠 없잖아요" 자신이 장애로 몸을 빨리 움직이지 못해 남편을 살려내지 못한 듯이 한탄하며, 더 슬퍼하였다. 참담함을 덜어주고 힘이 되어주고 싶어 한 말이 천근의 슬픔을 더하여 아버지의 가슴으로 돌아왔다. 두 아이의 엄마인 딸을 어리게만 생각하고 아버지의 도움이 절대적인 것으로 생각했던 아버진 말을 멈추고 가슴 찢기는 듯한 심장의 통증을 참으며, 흐느끼는 딸을 바라보지 못했다며

　장례가 끝난 후 딸의 집에 사돈댁과 딸의 가족을 내려주고 부산의 집으로 오는 차 속에서 남편은 억장이 무너진 듯 우셨다고, "아버진 내 남편이 아니잖아" 하는 딸의 말에 불편한 딸이 불편한 신랑을 얼마나 의지하며 살았는지를 감히 짐작도 못 한 아버진 미어지는 가슴을 주체하지 못해 한동안 일을 하지 못했다며 엄마인 내 친구는 얘기하며 한숨지었다

　시간이 지난 일이지만, 듣기만 하여도 가슴이 아픈데 몸도 성하지 못해 힘든 딸이 마음 까지 아파하는 모습을 봐야 하는 부모로서 얼마나 애간장이 녹아내렸을지?! 친구에게 위로의 말을 무어라고 해야 하나 망설여졌다. "힘들어도 너희 부부 건강해야 딸과 외손주를 돌보아 줄 수 있지 않겠니? 견뎌야 하는 이유만 생각하자" 했던 것이 벌써 그 두 외손주가 의젓하게 대학을 다니며, 어머니와 키우느라 고생하신 할머니를 돌보며 외할아버지의 염려는 기우가 되었다고 했다. 세상의 일이란 죽음보다 더한 고통은 없다고 모든 희망이 발아래 부서지는 마른 낙엽 같아도 견디어 내기만 하면 시간이 흐르면서 상처엔 새 살이 나오는 것이었다. 그리고 또 다른 행복으로 오고 있는 것이 아닌가! 친구 부부, 이제는 딸 때문에 슬퍼하지 않는다. 탄탄한 국영기업에 다니는 큰 외손주와 불편한 어머니를 생각해 간호학을 택한 작은 외손주, 든든해진 딸의 울타리를 보며 부모로 산다는 건 강인한 마중물이 되어야

할 수밖에 없었으며 그 또한 기쁨이었다고 한다. 어느새 산다는 것은 희로애락의 굴레에서 인내의 한계로 통증을 느끼지 못할 때도 있지만 친구는 아픔을 승화시켜 더 큰 깨달음을 얻었고 조금이라도 기쁜 일들에 감사의 기도로 이어지는 삶은, 모든 것이 긍정적이며, 아파했던 가슴은 기쁨이 가득한 얘기로 채우며 웃고 있었다.

나는 친구와 이야기 중 건강하게 살아가는 세 아들을 생각하며 감사했다. 순간순간의 욕심으로 투덜거리는 나, 내 삶도 아닌 것까지 넘보며 분에 맞지 않는 걱정까지 해가며 감사함을 잊을 때가 많았던 나, 차분한 친구를 보며 모자람이 있는 곳에 감사의 기도는 계속되지만, 채워져 넘치는 곳에 도리어 감사를 잊을 때가 더 많은 것은 인간의 욕심과 오만 때문이 아닐까, 하는 생각을 하며 친구의 눈물은 실패나 절망이 아니었다. 행복과 감사의 기쁨이었다. 삶의 무게를 저울질하지 않으며 "인생은 살아 볼 만한 것 같다."라며 지나온 삶을 대견히 얘기하며 은혜로 생각하는 친구, 그 얼굴에서 사랑을 쏟은 침묵 속 인내의 시간을 느끼게 하며 친구의 정신세계는 이미 나와는 다른 차원에 있는 듯하였다. 산다는 건 비슷할 것 같으면서도 너무나 다른 좁고 얕은 개울을 수없이 건너는 모습들이다. 친구와 헤어져 돌아오는 길 친구의 말들에 내 마음의 무거움이 가벼워지고 지나간 힘들었던 시간을 견디어 온 친구가 정말 큰 어른 같았고 삶의 고난을 헤쳐나가는 우리의 많은 얘기가 대단하게 느껴졌다.

언젠가

바쁜데 전화벨이 울린다. 알 수 없는 긴 숫자의 번호다. 받을까? 말까? 요즈음 광고 전화가 하도 많아 잠시 멈칫하다. "여보세요" "남숙아 내다" "아, 숙희야! 어디야?" "미국이다" 웃음은 섞였지만 투박한 부산 말씨를 못 털어낸 내 친구 목소리, 1979년 미국에 이민 간 후 내가 두 번 가서 보고 친구가 두 번 와서 보고, 따지면 10년에 한 번씩 강산이 변할 때마다 변한 모습 잊지 않으려고 만난 셈이다. 캐나다로 간 '용숙'이도 서너 번 다녀갔다. 2019년도에 다녀가며 "이젠 친정어머니도 시어머님도 모두 타계하시고 상속 문제도 다 해결되어 한국에 쉽게 나올 일이 있을지 모르겠다"라는 말을 남기고 캐나다로 갔다.

나는 어질고 심성 좋은, 인성이 바른 친구들을 많이 두고 있는 복 많은 사람이라는 생각을 많이 했다. 늘 서로 믿어 줄 수 있는 친구들이며 나름 반듯하게 살고 있다고 생각해 왔다. 급하다고 먼저 이승을 떠난 친구들 때문에 힘들었던 때도 있었지만, 만나면 마주 앉아 끝이 없는 이야기를 할 수 있는 친구들이 아직도 있다는 것이 마음을 뿌듯하게 한다. 지금은 지척에 두고도 만날 수 없는 '코로나' 장벽으로 모두들 '카톡'이 사랑방이 되어 대화의 창구가 되었다. 하지만 '숙희'와 나는 메일을 열기로 하였다. 캐나다의 '용숙'이도 함께 메일을 열어야겠다고 생각하며 왜 진작 이 생각을 못 했는지~ 친구는 내 책을 읽고 많은 생각을 했다며 축하해주었다. 고마움과 반가움에 큰 목소리에 부산 사투리를 가득 남기고도 웃음이 가득한 채 서로의 안부를 주고받았다.

밤이 깊어 조용히 메일을 열었다. 가슴이 저렸다. "남숙아, 우리 건강 하자~ 살아 있으면 언젠가 만날 수 있겠지, 백신 꼭 맞아라" 아 우리가 또 만날 수 있는 날은 언제일까? 부모님들이 비워준 그 앞자리는 이제 우리 차지다. 차지하고 싶지 않아도 그냥 세월이 데려다주는 자리다. 나 어릴 적에 "누구 집 부친이 모친이 돌아가셨다. 그래도 환갑상은 차려 받으시고 가셨다" 그러면 그나마 원은 없이 가는 것으로 안타까움이 위안이 되었던 시절의 기억이 있다. 그러나 지금 우리는 환갑을 지나 강산은 또 바뀌었다. 아주는 아니지만, 꽤 멀리 와서 있다. '백세시대'라는 이 시대는 우리를 멀리에 서 있는 사람이 아니라고 억지를 쓰는 것 같다. 하지만, 나 자신은 내일의 어제에 서 있는 것이다. 알 수 없는 내일에 무엇을 약속하고 장담할 수 있을까.

남은 시간 안개 속에 잠시 거니는 여행길, 언제 바람이 불어와 흩어지거나 날아갈지 모르는 삶이 그 한마디 글에 아파진다. 하얀 구름은 검은 구름을 덮고 해를 띄우려고 하지만 검은 구름은 비를 뿌리고 말듯이 마음속 이론은 일치가 되지만 "살아 있으면 언젠가"라는 말을 기다리거나 약속하기에는 구름 같은 우리에게 바람의 힘은 점점 세게 다가올 것을 알고 있다. 삶의 자리가 조금은 서글퍼져 온다. 많은 안타까움이 있어서인지 그리움과 연민도 지쳐간다. 그저 눈물에 젖지 않은 슬픈 단어 때문에 내 마음이 젖어 드는 듯, 기약 없는, 알고 싶지도 않은 말이 내게 무얼 안겨 줄 거라는 생각을 해본 일이 없었다.

그러나 지금은 스치면서도 나눌 수 있는 대화가 내 마음을 깊게 짓누르며 지금 이 순간이 너무나 소중하게 와 닿는다. 인생의 인연은 會者定離회자정리요 去者必返거자필반이라 하였던가, 많은 이들과 만나고 헤어지고 다시 보고 하지만, 정작 보고 싶은 사람들은 만남이 쉽지가 않구나, 너를 보며 얘기하던 나에게 마지막에 너의 시댁 선산으로 돌아올 거라던 그 말이 가끔 떠오르면 쓸쓸해지는 건 어쩔 수 없는 삶의 단면이겠지만, 검은 단발머리였던 우리가 흰머리가 되어가니 흐르는 강물 같은 세상을 좀 살아 보긴 한 것 같구나. 우리는 어떤 모습이 되어 어디에서 어떻게 다시 만나게 될지! 자주 보기에는 너무 먼 곳의 너에게 나는 답을 쓴다. "그래! 건강하게 지내다 다시 만나자." 코로나 백신 맞는 것도 두려움이 있는 내가 가랑비처럼 스며드는 이 막연한 기다림을 이겨낼 수 있을지? 나는 혼잣말을 중얼댄다. 젊은 날의 '언젠가'는 무엇을 이루고자 희망 같은 말이었지만, 지금의 '언젠가'는 가장 힘없고 희미한 단어다. 무슨 색인지 어디까지 칠할 수 있을지 말하지 못한다. 그저 비키지 못하고 쓸쓸한 바람을 맞고 있는 것만 같은 말처럼 느껴질 뿐이다.

윤달과 수의

요란한 진동의 전화는 희수를 맞이한 친구로 부터 온 것이었다. 자신은 수의와 영정사진을 다 준비했으니 윤달이 있는 올해 나에게도 준비해 놓으라며 "오래 살아야지" 했다. 서로 웃었지만 나는 별말을 못했다. 새삼 더 늙어진 것 같았다. 우리나라에서 쓰는 윤달에 큰 관심 없이 살아왔다. 윤년은 달력의 계절과 실제 계절의 차이를 조절하기 위하여 일 년에 달 수가 한 달이 많은 閏윤 자의 윤달이 들어 있는 일 년을 말하는 것이라고 했다. 태양력 분류상 천문 양력으로 역법을 고치기 전까지 우리나라에서는 19년에 일곱 번 비율로 윤달을 두었던 것이라고 하였다. 올해 이월이 윤달이 들어 음력 이월이 두 번이었다. 윤달이 들은 해에 수의를 준비해 놓으면 장수한다는 말을 오래전에 들었던 기억은 있었다. 실제로 시어머님과 친정 어머님이 윤년의 생신이 들은 달에 같이 수의를 준비하셨는데 두 분 모두 장수하셨지만, 인명은 재천이라 하니 천명이라고 생각하였다.

오래전 우리 조상들은 초상이 나면 여럿이 모여 수의와 상복을 손바느질로 만드느라 고생하는 것을 덜어주기 위해 연로하신 부모님들이 윤달을 빌미로 미리 준비했던 것으로 생각된다. 요즘은 기성복 수의가 즐비하니 큰 어려움 없이 준비할 수도 있게 되어있다. 우리 조상들이 공식으로 사용하던 음력이지만 지금은 생일이나 제사를 양력으로 사용하는 세태이므로 젊은이들은 음력을 잘 이해하지 못하기도 하지만 불필요하게 생각하며 사용하려고 하지도 않는다.

윤달에 대하여 옛 어른들이 주고받던 말들이 하나씩 떠오른다. 이월 윤달은 풍년이 들고 오월 윤달은 장마와 전염병이 기승을 부린다고 하였던 것은 아마도 농사를 위주로 살아온 사계절이 분명하였던 우리의 환경에 맞게 기온의 차이에서 생긴 말 같이 생각된다. 좋지 못한 일이 길어지면 흉년에 윤달이라고 비유하고 윤달에 회양목의 키가 줄어든다는 속설에 따라 일이 더딤을 탓할 때 윤달에 회양목이란 말도 들어보았다. 아무튼, 불어난 달이라는 뜻을 보면 어쩌면 명도 불어나 오래 살게 된다고 믿고 싶은 기대의 속내가 있었는지는 모르지만, 사람의 수명이 지금처럼 길지 않을 때의 얘기 같고, 뜻하지 않게 명을 달리할 때 남은 가족의 짐을 조금이나마 덜어주는 것도 되지만 알몸으로 태어나 그대로 갈 수 없어 입고 갈 입성이 준비되니 안심도 되었는지 모를 일이다. 거기다 윤달을 핑계 삼은 상인들의 상술로 그런 풍습이 생긴 건 아닌지 하는 생각도 하였다. 그래도 친구의 말을 듣고 나니 팔랑귀가 되어 자식들의 짐이라도 덜어주는 일일까, 하는 생각에 알아는 보고 싶어졌다.

슬며시 수의의 가격을 알아보다 높게 붙어있는 가격에 입을 다물 수가 없었다. 그것도 예전에는 수의의 가지 수가 열아홉에서 스물한 가지였는데 요즘은 간편복처럼 열 가지로 많이 간소화되어 있다고 했다. 그럼에도 가격이 예상외로 높게 적혀있었다. 어머니가 1980년대 삼십여만 원에 맞추었던 수의는 천만 원을 훨씬 넘어있었다. 사십 년 전과 비교 할 수는 없지만, 수의를 미리 준비해야 하는 정확한 이유를 다시 생각해보기로 했다.

지금은 장례 문화도 바뀌어 가고 있고, 많은 변화가 생활 속에 빠르게 적응되어 가고 있는 시대이다. 여러 가지의 서양 문물을 받아들여 상복도 검정 옷을 입으면서 영면하신 분에게 왜 양복을 입힐 생각은 하지 않는지, 망자의 남겨진 옷이 가장 잘 맞고 준비된 옷이 아닐까 하는 생각이 들었다. 아무것도 가지고 갈 수 없어 주머니가 없다는 수의를 그렇게 많은 돈을 들여야 하는지 물론 저렴한 것도 있었지만 장례 회사의 상업적인 요소가 망인을 마지막 보내는 애처로운 유족의 마음을 궁여지책으로 흔드는 일인 것 같은 생각도 들었다.

 기후도, 사람의 수명도, 생활 방식도 바뀌어 가는 지금, 풍년이 든다는 이월이 윤달인 올해는 이상 기후변화로 세계가 몸살을 앓고 있다. 은행의 높아진 금리로 고물가 행진은 많은 서민의 삶을 옥죄기만 하고 있는데 윤달을 향한 푸근하고 신비롭게 들리던 속설은 의미를 잃어버린 지 오래된 듯이 느껴진다. 시대의 흐름이 늘 솔길에 서서 변하며 지나가는 듯 지금의 이 시간도 훗날은 옛이야기로 말하겠지 생각하니 삶과 연계되어있는 죽음의 문화는 어떻게 변하게 될는지 모르지만, 조용히 떠나야 하는 길까지 남은 가족에게 부담으로 남겨지는 일이 되지는 않았으면 하는 생각을 해보게 한다.

주먹으로 달을 그리며

  어둠 속을 조용히 밝히고 있는 달을 본다. 오랜 친구의 말 없는 웃음 같다. 지구의 자전으로 낮과 밤이 나타나는 것을 알지 못하였을 때는 둥근 달이 뜬 저녁 친구들과 숨바꼭질 놀이를 할 때면 술래를 피해 숨은 나를 따라와 비추는 것 같아 조마조마했었고 때때로 평온한 날은 걸음 뒤에서 나만 따라오는 것 같은 달을 좋아하던 그 아득한 일들이 지금은 회상 속에서도 지워진 듯이 희미하게 떠오를 뿐이다.

  해와 다르게 저녁에 동쪽 하늘에 떠서 새벽에 서쪽 하늘로 지는 달. 반듯한 반달과 보름달만 그려대던 어린 날의 그림들, 커가며 초승달과 새벽에만 보이는 그믐달의 조각에 찔리기라도 한 듯 아픈 감성에 젖어보기도 하고 둥글게 채우려고 애쓰는 상현달과 벗겨지며 잃어가는 하현달의 아쉬움과 안타까움의 수 없는 반목이, 삶을 알게 하는 것 같아졌을 때, 나의 삶은 이미 너무 먼 곳을 가까이 바라보며 향하고 있다는 느낌이 들었다.

  달빛에 잠들고 햇빛에 눈뜨던 그런 삶이 지나간 지금은 어둠이 깔리는 밤이 눈을 감으면 다시 뜨지 못할 것 같아서인지 조금씩 달의 시간이 싫어지는 건 안락함이 두려움으로 느껴지는 변변치 못한 나를 본다. 열정은 이제 내게 힘겨운 듯 남의 일처럼 보이고, 바람이 모래알을 날리는 것이나 구름을 몰아가는 것처럼 내가 살아온 세월을 멀리멀리 보내고 있는 듯하다. 반은 잊은 듯이 지나고 생각이 나도 자주 볼 수 없는 치매약을 먹고 있는 띠앗 머리 같았던 친구에게서 오늘 뜬금없이 전화가 왔다. 나를 제대로 기억은 하는지? 어쩌다 눌린 번호인지 몰라도 반갑기도 하고 미안하기도 하였다. 그러나 친구는 호주에서 작은딸이 손주와 왔다며 흥분한 듯 횡설수설하며 자기 말만 하고 전화를 끊었다. 허망스러운 많은 생각이 머릿속을 어지럽게 만들었다.

 달의 얼굴은 초롱 했던 시간의 그리움이 비애로 채워지며, 여명의 태양도 일몰이 있고, 새벽의 샛별도 저녁엔 개밥 바라기라 불리듯 둥근 달도 몰락을 보게 된다. 그러나 이런 것은 슬픔이 아닌 자연의 이치로 벗어날 수 없는 쓸쓸함과 함께 내일이라는 새로운 날이 떠오르지만, 우리에게 같은 내일은 없지 않은가, 친구는 입학 때 전교 수석까지 하였으나 육십이 되기도 전에 치매가 진행되었다. 좋은 머리를 너무 혹독하게 써버린 것인지? 그녀의 어머니를 닮은 유전자 때문인지, 친구가 잊으면 나는 그의 친구가 아니겠지만 내가 잊지 않으면 나를 기억하지 못하는 그녀일지라도 내 친구다. 그래서 잊히어진다는 서글퍼지는 쓰린 아픔을 혼자 느끼게 된다. 친구는 기억을 의심하며 스스로 병원에 가서 치매 진단을 받은 날 "자식도 몰라보게 되고 잘 키운 자식들에게 누가 될까 두렵다. 그때는 생을 접어야지" 하던 친구였는데, 지금은 모든 것을 잊은 듯 병원에서 처방으로 받아온 뇌 영양제를 열심히 복용하고 있다는 딸의 전갈이다. 아마도 의사 선생님의 약을 먹으면 치매의 진행을 조금은 늦출 수 있다는 말씀에 자식을 위한 각인이라도 된 것 같았다.

 젊은 날 짧아도 굵게 살고 싶다는 너스레는 오래전 기억에서 지워지고 가늘게라도 이승에 오래도록 머무르고 싶어 아직도 해야 할 것이 많은 듯, 실은 내가 하지 못하면 남은 사람들이 다 할 수 있는 것인 것을, 마치 나만이 할 수 있는 것처럼 하면서 살아야 하는 목적처럼 얘기하는 나를 타인처럼 보기도 한다. 달을 쉽게 기억하는 방법을 알려주던 친구의 말을 기억해본다. 양손을 살며시 주먹 쥐어 본다. 오른손 주먹은 상현달, 왼손 주먹은 하현달, 가만히 하늘의 달을 본다.

    그래 저 달은 차오르는 상현달이구나! 한낮에 떠서 한밤에 지는 상현달, 달 모양에 따라 다르게 뜨는 달같이 제각각의 친구들과의 수다 속 꿈들이 사상누각처럼 내려앉아도 누군가는 기억이 지워져도, 나의 기억 속에서는 잊어야 할 것이 없는 것처럼 달이 차면 기울어지는 것은 세상 이치이거늘 그래도 채우려고, 모두가 잠든 작은 뜨락의 계단에 앉아 보름이 다가오는 상현달을 바라본다. 백세시대에 태어나는 것은 희망을 안은 축복이지만 다시 어린 아기로 돌아가는 것은 축복이 아니기에, 나는 되돌아가지 않기 위해 양손의 주먹을 움직여본다. 손목에 동그란 달의 표면도 눈으로 그려본다. 모래 위 발자국 같은 이 한 생, 이젠 크게 바랄 것도 없는 것을 쉽게 비우지 못해 아쉬워한다. 삶의 욕심을 언제까지 쥐고 있고 싶은 듯이 차오르는 달을 보며 미련하게도 차면 다시 쏟아야 할 것을 아직도 문득문득 채울 것을 생각하고 있다.

친구

　친구들과 만나기로 약속은 해 놓고 허리가 아파서 미루어 오다 엉거주춤한 모습으로 KTX를 타고 부산역에 도착하였다. 부산역에서 다시 택시를 타고 친구들이 기다리는 부산 해운대의 호텔로 갔다. 평상시에는 비싼 가격에도 예약이 힘든 곳이나, 코로나의 불황으로 저렴한 가격에 시원한 바다가 보이는 전망 좋은 방에서 모일 수 있었다. 다섯 명이 만나기로 하였는데 한 친구는 코로나 확진자와의 접촉으로 이 주일간 자가격리되어 네 명만 만났다. 근 육십 년 가까운 지기들이다. 큰 마스크를 썼어도, 눈빛만 보아도 알아볼 수 있는 친구들! 처음엔 멋쩍은 미소를 보냈지만 금방 익숙한 사투리가 막 나왔다. 친구들은 허리 아픈 나를 배려해 천천히 움직였지만 나는 무게 때문에 가지고 간 작은 선물부터 나눠주고 못 나온 친구 것도 맡기고 가방의 무게부터 줄였다. 큰 것은 아니지만 좀 홀가분해진 것 같았다. 오랜 시간 못 만난 어색함도 있을 것 같았지만, 끝이 없을 얘기와 웃음은 시작되었다.
　우리 중에 세 명은 천주교, 한 명은 개신교 신자다. 격리 중인 친구는 우리를 "예수쟁이들"이라고 말하는 참신한 불교 신자다. 친구 덕에 '예수쟁이'로 명명된 우리는 불교 신자 부부의 격리 기간 성찰하여 성불하라고 농이 섞인 응수도 하고 그동안의 일들을 얘기하며, 코로나 규제에 구애받지 않고 다녔다. 예약된 레스토랑에서 저녁 식사를 하는데 친구 '재임'이 "이런 좋은 음식을 먹을 때는 기도도 잘 하고 국시 같은 거 먹을 때는 기도를 하지 않는다"며 웃었다. "왜냐고?" 하니 "꼴랑 국시 먹는데"라고 하여 나도 웃었지만, 그 친구는 성당 연령회에서 젊어서부터 지금까지 남들이 힘들어하는, 선종하신 분을 깨끗하고 단정하게 하는 여성으로서 염을 하는 강도 높은 봉사를 하는 대단한 친구다. 그녀의 남편도 초등학교 교장 선생님으로 퇴임 후 연령회 회장을 맡아 지금까지 장례 일등 봉사활동을 하여온, 마음과 시간을 버리지 않는 사람들이다.

생각지도 못한 친구의 얘기에 나를 돌아보았다. 나는 가끔 식탐이 앞서 감사보다 먼저 입에 넣을 때도 있지만 작은 것에도 감사한다. 하지만 식전기도에 눈감으며 나의 기도는 정말 진실하게 하고 있었는지 너무 형식적이지 않았나 잠시 생각해보게 하였다. 학창시절부터 지금까지 내게 작은 약속 한번 어기지 않은 친구가 국수에 기도하지 않는다는 말을 나는 믿지 않는다. 코로나 팬데믹 시기에도 이렇게 건강하게 만나 좋은 음식을 먹을 수 있음을 더욱 감사하자는 뜻으로 생각했다. 이런저런 얘기를 하다 보니 일흔이 넘어서도 모두 사회봉사 활동을 계속하고 있었다. 나는 칠십을 핑계로 그나마 하던 '빈첸시오' 단원 활동도 접고 작은 후원자로 물러난 것이 옳은 일이었는지 조금 미안한 생각이 들기도 하였다. 해운대에 거주하는 '명애'는 밤늦게 집에 가고 큰 침대는 두 명이 쓰고 작은 침대는 내가 차지했다. 셋이 남아서도 얘기는 멈추지 않았다. '재임'이는 "저녁 먹을 때 좁은 식당 방에서 마스크 없이 할 말 다 하더니, 이 넓은 호텔 방에서는 잠을 잘 건데 마스크 쓰고 있네" 하며 또 웃음거리를 만들기 시작했다. 마스크를 쓰고 있는 '은경'이와 나는 참지 못하고 소리 내어 웃었다.

"우리 서로를 위해 백신 마스크" 하며 창문을 열고 바다 쪽 하늘을 보니 어둠 속에도 옛꿈들이 보이는 듯 학창시절 교복 입은 얼굴들이 떠오르며, 궁금한 옛친구들 소식이며, 잠잘 듯이 하다가 또 얘기하고,

제대로 자지도 못하고 옛날 같으면 새벽닭이 울어댈 시간까지 웃고 얘기하다 아침을 맞이했다.

　아침에 다시 온 '명애'는 우리를 위해 달걀을 삶아 왔다. 그 모습은 어린 날 어머니의 손길을 기억나게 하여 그립고 아련한 어머니가 싸주시던 소풍 도시락의 꿀맛 같은 김밥에 삶은 달걀이 떠올랐다. 시원한 파도 소리 들으며 동백섬 꽃길에 앉아 못 만난 사이의 일들을 얘기하다 모래알처럼 무수한 사람들, 중에 이런 좋은 친구들과의 인연에 나는 잘살고 있다는 생각에 가슴이 뭉클했다. 친구들의 미소속에는 인생무상이나 허리 아픔과 늙음은 간 곳이 없었다. 다닐 수 있을 때 정다운 친구들과 더 자주 보기로 하고 아쉬움을 남긴 채 기울어지는 해를 보며 친구들 배웅 속에 서울로 돌아왔다. 인성이 바르고 정 많던, 친구들의 뒷모습이 젊은 날 같지는 않아도 마음이 풍요롭고 푸근해 보였다.

　'꼴랑 국시'가 떠올라 미소짓게 했다. 한 톨의 쌀도 여든여덟 번의 손이 가야 얻어진다는데 국수 한 그릇도 많은 손의 수고가 있어야 만들어진다, 그걸 모를 리 없는 친구, 내가 온다고 호텔이며 식사를 신경 써서 준비한 친구들의 마음을 웃음으로 전하려 하였을 친구! 좋은 밥보다, 세상에 태어나 존재할 수 있는 자체를 감사하며, 삼사십 년이 지나도록 변함없이 약한 곳을 돌아볼 줄 알며, 생의 한 부분을 내어주며 삶과 사랑을 아는 내 친구들, 구구한 철학이 필요 없는 그들과 내가 함께할 수 있음을 깊이 감사드리며, 기차 속에서 소박한 국수 그릇 앞에서 경건하게 감사 기도를 할 친구의 모습을 그려보며 나는 눈을 감는다. 격식 없고 허물없는 친구들의 말과 웃음소리가 환청으로 들려오며 행복감이 물안개처럼 내게 촉촉이 내려앉고 있었다.

마음은 콩밭에서

　가끔 보고 싶은 사람이나 친구를 만나다 보면 뜻하지 않게 엮이는 사람이 있다. 그때 상황이나 상대방의 입장을 보아서 굳이 마다하지 않을 때가 있고 솔직히 나이가 들어보니 좀 무던하게 서로 편히 지내니 좋을 때도 있었다. 그렇게 모인 친구들의 웃음소리가 들리는 즐거운 시간에 어쩌다 '전생'이라는 말이 화제가 되자, 한 친구가 또 다른 친구의 전생을 보기라도 한 것처럼 전생에 얽힌 많은 얘기를 한다. 듣는 친구는 말 한마디 하지 않는다. 전생의 무엇을 알고 말하는지 모르겠지만 듣기가 괴란 적은지 친구들 모두 잠시 조용해져 버렸다. 눈치 빠른 한 친구가 무리 없이 어색한 화제를 바꿨다.
　다시 웃으며 얘기하지만. 말을 잘린 친구는 아는 것을 다 말하지 못한 아쉬움이 남은듯하였다. 어이없이 듣던 친구가 마음이 상하지 않았을지 신경이 쓰였다. 그러나 속이 깊은 친구들 덕분에 모두 다시 좋은 시간을 보내고 있었다.
　나이가 들면서 농담을 하더라도 상대를 존중하며 해야 하고, 남을 즐겁게 하지 못 할 바에는 말 수를 줄여야겠다는 생각을 자주 한다. 그러다가도 말을 하고서 혹시나 결례를 범하지 않았나 걱정스러울 때도 종종 있다. 잘 난 것도 아는 것도 많지 못하지만, 유익한 얘기나, 재미있고, 차분하고, 배려 깊은 친구들을 좋아한다. 그런데 친구들의 재미있는 얘기가 귀에 들어오지 않았다. 친구의 전생을 함부로 말한 모습을 생각하다 학창시절 아는 것을 마음껏 내어 보이고 싶어, 하던 친구 (A)가 생각났다. 우리나라에 고속도로가 개통되었을 때다. 영어를 아주 잘 하는 친구가 1970년 여름방학을 맞아 미국의 친척 집에 놀러 간, 친구 (B)를 만나 라스베가스도 구경하고 몇 곳의 대학들도 돌아보고 영어를 맘껏 말하며 지내다 오고 싶어 미국 LA, 공항에 내렸다. A는 B에게 전화하니 기다리던 B는 "공항 밖으로 나와서 개 그린 버스를 타고 'VAN NUYS'에 내려라, 그리 멀지 않은 곳이니 시간 맞춰 나가 있을게" 하자 A는 더 묻지도 듣지도 않고 "아, 알았어 gaegrin BuS" 하며 수화기를 내리고 LA의 맑은 창공에 회심의 미소를 지으며 여유롭게 정류장에서 버스를 기다렸단다.

아무리 기다려도 이상하게 gaegrin이라고 쓰인 버스는 한 대도 오지 않았고 더운 사막 기후에 배도 고프고 지쳐서 A는 B에게 전화하니 정류장에 나가서 기다리는지 전화를 받지 않았다. 그때는 모바일이 없었으니— 우여곡절 끝에 통화가 되었다. A는"야, gaegrin 버스 한 대도 안 와" 하며 투덜대니 "임마, 우리나라 고속도로에 있는 개, 그린 그레이하운드 버스 있잖아, 후암동 터미널에 있는 그거 말이야!" "그러면 그레이하운드라고 하지 왜 개그린 이라고 했어?" "개 그린 버스 말이야. 그 개 이름이 그레이하운드야! 너 영어로 개그린 찾았구나" "응, 으-흐 그레이하운드는 수없이 지나갔다고-오"- 기대에 부풀던 마음은 뜨거운 공기에 피로감으로 무겁게 내려앉았단다. 설명도 듣지 않고 잘하는 영어만 생각하며 수화기 내려놓고 너무 앞서가는 행동으로 고생한 친구, 그래도 두 주일을 잘 지내다 한국에 돌아왔다고 친구들을 만나서 그 얘기를 해주어 듣던 친구들을 배를 잡고 웃게 해 주었다.

머나먼 타국에서 있지도 않은 차를 기다리는 친구의 모습이 상상되었다. A를 기다리다 오지 않으니, 만 가지 걱정을 하며 집으로 정류장으로 왔다 갔다 한 B는 몸무게가 일 이 키로는 빠진 것 같았다고 덧붙이며 웃었다. 우리는 '식자우환'은 무서운 병이라고 놀렸다. 어쩌면 '식자우환'은 인격의 병일지도 모른다. 그 친구는 그날 이후 남의 말을 잘 들어보는 것과 잘 전달하는 것을 자신이 말하는 것보다 중요히 여겼으며. 생각 없이 말을 하지 않고 LA에서 경험으로 학생의 의견을 경청하며 잘 알아듣게 부연설명을 꼭 한다는 친구는 청주의 어느 고등학교에서 학생들에게 인기 좋은 영어 선생님으로 지냈다.

  운무 속 잊은듯한 기억이지만 gaegrin 뜻을 생각하며 나는 옆의 친구들이 이상하게 보든, 말든 혼자 피식 웃음이 나왔다. 요즘은 다툼이 많은 형제를 호적 메이트라 한다니, 나도 잘난 척하며 상처 되는 말을 한 친구를 디자인 메이트로 부를까? 하는 헛생각을 하다 인간의 다양성으로 모두 같을 수는 없지만, 잠시 무례하게 남의 전생을 말했던 그 친구에게 좋은 점들이 많이 있는 것을 깜박 잊을 뻔하였다. 그 친구의 말이나, 속 좁은 나의 옹졸함을 털어내며 다시 친구의 많은 좋은 모습들을 기억하며, 말을 가려서도 해야 하지만 행동도 좀 더 차분하고 받아들이는 것도 긍정적으로 해야겠다는 생각에 잠시지만 이기적으로 친구를 바라본 마음이 미안스러워졌다. 나는 콩밭으로 달리던 혼자 생각을 접고 무던한 친구들 속으로 슬며시 동무로 돌아가 학창시절처럼 어울려 웃고 있었다.

제5부

인연

기일

산업도로가 생기며 그린벨트로 묶인 땅의 한쪽이 도로공사에 수용이 되었다. 따로 알리지 않아도 모두 잘 연락받고 돈을 찾아간다. 수용되지 않은 부분의 자손들은 돈을 받아볼 수 없었다. 자손이란 이름만으로 받는 큰돈이다. 오피스텔을 샀다는 것이나 빚을 갚는다는것 모두 할아버지 덕이었다. 해가 지나 다시 기일이 돌아왔다. 수용의 혜택을 받지 못한 집안 어른이 오셨다. 그 집 형님의 말씀이다. "할아버지 제사에도 안 오면서 그분 덕은 생각지도 않고 돈은 잘 받아가네! 수양산 그늘이 강동 팔십 리 간다더니 참", 틀린 말은 아니라도 우리 큰집을 빗대는 말 같아 그리 썩 편하게 들리지 않았다.

그리고선 그 땅을 일구신 조부님 얘기를 역사 얘기처럼 읊어 내신다. "얼마나 지독한 분인지 그 양반 지나가면 동네 며느리가 대문 안으로 다 들어가 버렸단다. 당신 며느리들이 게으르거나 예절이 바르지 못하면 종아리도 내리치셨고 부관참시하듯 죽은 아내의 따귀를 때린 독한 분"이라고, 그 어른이 고생하셔서 남겨놓은 땅으로 자손들은 손 하나 거들지 않고 덕을 본다고 말씀하셨다. 그분은 차남으로 태어나서 장남처럼 공부도 많이 하지 못하고 재산도 제대로 받지 못하여 열세 살에 얼나섯 살 처자와 결혼하여 양반이란 체면을 접고 한때는 남의 땅까지 일궈가며 돈을 모으는 대로 땅을 사들였단다.

딸이 열댓 살이 되자 송씨 집안과 혼사를 정했다. 들에서 일하며 기다리는 새참은 오지 않고 동네 아낙이 허겁지겁 내달아 오더니 집에 불이 났다고 알렸다. 정신없이 달려오니 집은 불에 다 타고 숯으로 변한 벽만 남았고 마당에는 죽은 아내를 씌워놓은 거적이 보였으니, 삼십의 가장은 할 말을 잃었다. 모두가 논밭에서 일하니 새참을 만들던 아내가 불어대는 바람에, 솥 가래 불씨가 나르면서 커져 버린 불을 혼자 손에 끄지 못하여 발을 동동거리며 허덕이는 사이 삶의 터전이 전소되고 말았던 일이었단다. 아들도 낳지 못해 죄송하던 차에 집까지 태웠으니 얼마나 미안하고 두려웠겠나! 딸의 혼사는 코앞에 닥치고 극단적인 선택으로 사죄와 책임을 모면한 것이었지만 그분의 참담함이 눈에 보이는 듯했다.

너무나 기막힌 상황에 죽은 아내에 씌워진 거적을 벗기고 시신의 얼굴을 때리면서 "이렇게 해놓고 날 보고 어쩌라는 거여 어? 임자가 살아있기라도 해야 같이 집을 세우고 여식을 치울 거 아닌가 말이여" 하며 혼자의 몫이 되어버린 버거움에 울지도 못하셨단다. 힘겨웠던 그 어른은 장가를 세 번이나 들으셨다. 백 년도 더 된 그때는 모든 것이 장자 우선이었다. 차남이셨던 조부님은 큰 혜택을 제대로 받지 못하여도 남보다 부지런히 일하시어 임야 십만 평과 전답 이십만 평을 일구어 부농이 되셨다. 그리고도 사십이 넘어서 어린 아들들과 함께 서당에 다니며 만학으로 글을 깨우치셔 많은 학식을 갖추셨다는, 진정으로 인생에 대한 긴 안복이 있는 분이시며 넓은 땅을 상속 이전에 미리 증여하여 자식들을 서로 엮어 공동등기를 해놓아, 독단으로 팔지 못하게 하여 땅을 지켜가며 살게 해 주신 현명하고 지혜로운 어른이셨다. 그러나 자유당 시절 농지 개혁으로 끝이 보이지 않던 전답은 거의 소작인에게 넘어가고 임야와 착한 소작인이 신고하지 않고 지켜준 전답만 남았다. 그나마도 지켜준 소작인에게 그 어른의 장남이신 시아버님이 땅을 낳이 주어 답례하였다고 하셨다. 시어머님의 생전 말씀이 준다고 준 것이 제일 노른자위 땅이었다며 애석해하셨지만, 아버님은 그래야 했다고 하셨다. 미련없는 얘기였다.

  많고 적은, 감사한 돈은 몇 차례 생겼다. 당당한 삶을 위해 무서운 분이 아니라 자신에게 엄격한 분이셨다. 부고와 청첩이 겹쳐지니 너무나 황망하고 참담하여 살아있지 않은 안타까움에 시신의 뺨을 때릴 수밖에 없지 않았을까 생각되었다. 시절이 핑계와 이유였을지 몰라도 대단하신 의지의 훌륭하신 분 같았다. 그 후 문중 집안에서 대법원장과 지방법원장도 나왔다. 그분은 형님처럼 관직은 못하셨어도 정직한 땀으로 집안을 일으키셨다. 종가인 장손 집에 비할 수는 없지만, 조부님의 노고와 지혜로 자손들은 어려울 때 부빌 언덕이 있는 셈이다. 그걸 지켜서 사 남매에게 물려주신 시부모님 덕으로 항상 감사한 마음으로 맏이는 아니지만, 기력이 있을 때까지 조부님의 기일을 기리려고 한다.

  생각해보면 조부님의 지혜로 작은 긍지 같은 정신을 보여 주는 것 같아 자부들과 제사상을 진설할 때 뿌듯한 마음도 들었다. 그러나 금수저 흙수저로 표현하는 세태에 조상의 덕을 노력하나 보태지 않고 당당한 권리의식을 가지고 내 땅이라고 말하는 사람들, 德덕이라는 도덕과 윤리적인 말은 마음을 푸근하게 하는 단어지만 돈의 위력에 묻어져 가는 것 같고 유교 사상의 덕목이 없어지지는 않을지 걱정도 되는 마음을 숨길 수가 없다. 옛 어른들의 제사 예절에는 함께 살아가는 세상사에 많은 의미와 인성을 가르치는 지혜가 담겨있는 것 같지만 빠르게 변해가는 세태에 간소화는 더욱 가속화될 것 같고 의미도 퇴색되어 가는 것을 해가 다르게 느끼고 있다. 오늘도 조부님과 세 분의 조모님 메를 올리며 절을 하시는 분들과 기도만 하시는 분들이 서로의 종교도 이해하며, 어우러져 힘은 들어도 서로 반기고 웃으며 시어른들의 기억을 얘기하는, 뜻있는 시간이었다. 하지만 큰집이 버젓이 있는데 작은 집인 우리가 며느리를 고생스럽게 하고 싶지도 않고 그렇게 할 수도 없다. 염려스러운 마음이 없지는 않지만 많은 불편을 덜어주어 간소하게하며 떨어져 사는 형제들의 유대를 위해 추도날이라도 모여서 담소라도 나눌 수 있는 시간이 되었으면 하고 바라는 마음이다.

노부부

　젊은 날 우연히 인연이 닿은 이웃의 노부부, 조금 가까이 다가가자 조용하신 할머니가 누구에게도 말할 수 없었던 일이라며 얘기를 풀어놓으셨다. 대지주의 장손인 남편은 젊은 날 기생집을 쥐방울처럼 드나들며 할머니 속을 많이 태우셨단다.
　그러던 어느 날은 외박 후 저녁에 귀가하며 신문지로 싸진 자그만 뭉치를 할머니께 내어 주시기에 외박하고 미안하니 퇴근길에 고기라도 사 오셨나 싶어 기쁜 마음에 부엌으로 가서 풀어보시다 할머닌 누가 볼세라 신문뭉치를 그대로 아궁이에 던져넣으셨단다. 그리고 아무도 모르게 불을 지펴 재로 만들어버렸다며, 그것은 정육점의 고기가 아닌 기생집에서 술과 기름진 음식을 먹고 탈이나 설사한 속 옷이었던 것이라고 하셨다. 버리든지 할 것이지 기생에게 쓰는 돈은 아깝지 않고 속옷 하나 버리는 것은 아까워 무슨 귀한 것처럼 애타게 기다리시는 할머니에게 빨래 거리로 주셨는지! 할머닌 어린 자식들이나 큰딸은 물론 누구에게도 말하지 않으셨단다. 하지만 그 일은 깊은 상처가 되어 "저 영감 죽으면 절대 슬퍼하거나 눈물을 흘리지 않을 것"이라는 맹세와 사는 동안 웃어주지도 않을 것이라는 마음 다짐을 하셨다며 허우룩한 마음을 얘기하시고는 입을 한일자로 꽉 나무셨다. 나는 상상으로도 생각지 못한 얘기였었다.
　열네 살에 결혼하셨다는 철없던 할아버지의 행동이 그때의 점잖은 모습에서는 어울리지 않는 어색한 느낌으로 그려졌다. 그래도 나는 그

분들은 원만히 잘 지내시는 것으로 보였다. 한 이년 후쯤 노부부는 다리가 불편해지신 할아버지 건강을 이유로 오래도록 살아온 단독주택을 팔고서 아파트라는 편한 곳으로 가신다고 하셨다. 나는 인사차 들렀다가 두 분이 조금 심기가 불편해 보이셔서 살짝 되돌아 나오는데 "임자! 말을 좀 곱게 할 줄을 몰라" "물 한 그릇을 부탁해도 불평 없이 주는 법이 없어 어째!" 반은 포기와 푸념 같은 할아버지의 말소리가 들렸다. 동네에서는 할머니가 할아버지 봉양을 잘 하신다고 칭송이 자자한데 언제나 당당해 보이시는 할아버지가 그동안 심적 불편함을 느끼며 살고 있으신 것이 조금은 뜻밖이었다.

할머니와 할아버지의 그런 모습이 어쩌면 그놈의 신문 뭉치가 원흉으로, 할머닌 골이 깊어진 애증을 풀지 않았고 할아버진 젊은 날의 잠시 무책임한 태도의 값을 치르며 자존심을 앓고 계신 것이라는 생각을 했었다. 그 후 얼마 지나지 않아 다리가 더 심하게 아파 움직이지 못하신다는 할아버지의 소식을 알게 되어 할머니를 찾아뵈었다. 할머니는 할아버지가 자식들을 다 불러놓고서 할머니의 수고를 칭찬하시고 노고에 고맙다는 말씀을 해주셨단다. 얘기하시는 할머니는 오랜 앙금이 풀리는 얼굴에 눈물을 글썽이셨다. 오래도록 듣고 싶었던 남편의 사과 비슷한 칭찬이었을까? 나에게 자랑처럼 말씀하시며 만감이 교차하는 듯한 얼굴이셨다. 그리고 그해 추운 겨울날 할아버지는 할머니께 생각보다 많은 정말 큰돈이 넣어진 은행 통장을 세 개를 주시며 수고했으니 편하게 지내라고 하시고 이승에서의 눈을 감으셨다며 쓸쓸한 눈빛으로 조곤조곤 얘기하셨다.

할아버지가 돌아가시고 몇 달 후 IMF가 왔다. 힘들어하던 자식들로 인하여 집이라도 살 수 있던 그 큰돈은 남아 있지 않게 되었다. 아파트도 팔고 작은 전셋집에 홀로 외로워 보이는 할머니는 회상에 잠긴 듯

"내게 고맙다고 하거나 필요한 돈을 주었던 사람은 할아버지뿐이셨다"라며 작고 야윈 얼굴에 눈물을 흘리셨다. 나는 웃으며 "할머니! 할아버지를 무척 사랑하셨나 봐요" 하니 할머니는 "사랑을 못 해 드려서 그래! 생각만 하면 눈물이 나"라고 하셨다. 애증의 강을 건너지 못한 그 옛날 신문 뭉치를 태울 때 재로 변하여 없어지는 것을 용서하지 못했던 것을 후회하며 괴로워하셨다. 남편만큼 의지할 곳이 없다는 말씀도 하셨다. 나는 그때 용서와 이해에 대하여 많은 생각을 하였던 기억이 난다. 성인군자가 아니고서야 감정을 완전히 조절하며 살 수는 없겠지만 죽은 후의 눈물은 어디에도 소용이 없는 것이었다. 할머니와 할아버지의 삶은 젊은 날 잠깐의 아픈 기억으로 인해 좀 더 행복할 수 있게 서로 어루만져 줄 수 있는 자신들의 마음을 다 풀지 못하고 자존심이라는 허울 뒤에서 괴로운 앙갚음질의 삶을 사신 듯해서 안타까운 생각이 들었다.

  자애로움은 닫힌 마음을 조금은 더 편하게 열 수 있고 어떤 의미에선 용서는 나를 위한 일이라 생각한다. 내가 그 얘기를 들려주시던 할머니 나이가 되어가고 있다. 용서하는 관용도 중요하지만 용서받아야 하는 일을 만들지 않고 사는 것이 더 중요 하다고 생각하며 너그러움은 타고난 성품도 있지만, 돌아보면 사람과 사람 사이에서 용서되지 못할 일들이 그리 많지 않다는 생각이 들었다. 화는 참아보면 어느새 사라지듯이 우리의 마음 안에는 사랑이라는 옹달샘에 언제나 떠줄 수 있는 조롱박 하나 띄우고 있다는 상상을 해보았다. 사랑하는 사람과의 시간을 잃는다는 건 삶을 잃는 것과 같다고 생각했다. 그때 그 할머니의 눈물을 보며 조금은 더 생각하고 이해하며 잊어주는 것은 누구를 위하는 것이 아니라 나를 위한 것이란 생각을 많이 했었다. 빠르게 지나가는 세월, 아까운 것도 별로 없지만 얼마 남지 않은 시간에 작은 인연도 잃지 않고 살고 싶다. 하지만 이성적 판단보다 강한 본능의 감정이 더 앞서지나 않았는지 모지랑이 같은 마음이 자꾸 움츠려질 때가 많아지기만 한다. 깊어지는 세월에 마음이라도 다림질하여 남은 날들을 살아가고 싶다.

뜻깊은 선물

 늦은 저녁, 남편은 붉게 충혈된 눈으로 책보다 커 보이는 봉투 하나를 들고 들어오며 흔들어 보인다. "그림 잘 그리는 친구가 선물로 준거야" 친구들과 술 한잔 나눈 것인지 꽤 기분 좋은 표정에 자랑처럼 들렸다. 봉투를 바라보는 내게 내민 것은 친구가 영정사진으로 쓰라고 선물로 그려준 거라는 남편의 초상화였다. 사진으로 착각할 정도로 잘 그려진 얼굴이었다. 그런데 벌써 무슨 영정사진이람 하는 생각이 들며 나는 기분이 썩 내키지 않아 다시 보지 않았다. 그러나 남편은 무척 마음에 드는지 방금이라도 쓸 것처럼 깊은 생각에 잠겨 알뜰히 보고 또 보고 쓰다듬며 귀한 듯이 책꽂이에 꽂아 놓았다. 그런 그 모습이 문풍지의 샛바람처럼 아리듯이 시렸다. 쉽게 잠들지 못하는 긴 겨울밤, 멀리서 들리는 부엉이 울음소리까지 바람 앞 간드레 불처럼 마음조이게 한다. 뒤척뒤척 이루지 못하는 잠을 밀치고 일어났다. 가민히 작은 전등을 켜고 초상화 그림을 꺼내보았다.
 늘 미소 지어주던 그의 눈빛은 어딘가에 멈춰 있었고 머리는 희끗희끗 하얗게 탈색된 듯하다. 몸과 마음이 떠나간 흔적만이 남아 있는 얼굴이다. 영정사진으로 쓸 거라니 언제 이렇게 되었는지 바람에 옷깃을 여미는 사이 유수같이 흐른 세월에 나는 내가 신 곳이 어디쯤인지 느끼지 못한 것인지 억지로 모른 척하고 싶었는지 눈에 이슬이 맺힐 것만 같았다. 병역의무 시절 장교 복 차림에 억새가 여기저기 듬성듬성 갈대와 피어있는 가을, 부대 근처의 갈 기슭에 앉아 내 손을 잡고 불러

주던 '카 로미오 벤'이 나부끼는 바람 같이 귀에 울린다. 그러나 사진 속 입은 움직이지 않는다. 너무 오래전 기억인가 젊은 날 열정은 삶의 관습으로 되어 이미 잊은 것인지, 움직이지 않는 그림 속 얼굴에 가슴이 메어온다. 우리가 얼마나 살았고 어떤 시간을 더 살 수 있을지, 친구들에게 차례로 그려주며 당신은 오래 살 것 같아 맨 끝번으로 그려준거라고 그 친구가 말해주어 기분이 좋다며 스스로 장수할 것 같다고 웃음 띤 얼굴로 말했지만, 눈빛은 쓸쓸함을 감추지 못한 채 잠이 들던 모습, 요즈음 연이어 친한 친구를 떠나보낸 그는 아무도 모르게 책꽂이의 초상화를 초연하게 보고 있었다. 못 본 척했지만, 무슨 생각을 하고 있을지 짙은 연민을 느끼며 그가 내게 어떤 의미의 존재이며 나는 그에게 무엇이었는지 지나온 날들의 많은 일을 회상해보았다.

   그러나 신기하게도 흔적을 찾기 힘든 상처들은 아물어 새살이 돋은 지가 언제인지 기억이 희미하다. 삶을 놓고 싶었던 자책과 회한의 기억은 삶의 지저깨비 같은 어리석음의 미소가 되었고 한계를 넘어선 답습의 시간은 추억이 되어 회전목마처럼 스치며 돌아간다. 시어른들 성화와 눈치에 애태우던 기다림에서 늦은 나이에 얻은 아이들, 당신과 나의 삶에 날개를 달고 나르던 시간이다. 자유와 희망 약간의 풍족함까지 그러나 그리울 것 같은 그 시절로 돌아가고 싶지도 그립지도 않다. 사진에다 대고 '희어진 당신의 머리를 바라보면 가슴이 쓰리고 아팠던 일은 다 잊었는지 편안한 여생이었는지 안쓰럽기도 하지만, 거울 없이는 볼 수 없는 나의 흰머리는 잊고 산다고' 중얼거린다. 젊은 시절에 상상하지 못했던 이름, 너무나 사랑스러운 재롱둥이 손녀들과 손주가 할머니와 할아버지란 말을 배우며 우리를 부르면 대견하고 귀여움에 응수하기에 여념이 없지만, 어린 자손들에게 많은 것을 해주지 못해 마음 괴로워하는 할아버지가 된 잠자는 남편의 등을 쓸어줘 본다.

이제 우리에게 필요하고 원하는 것이 뭘까 죽음이 두려워 싫은 건가 분에 넘는 생각들이다.

　그들에게는 젊은 부모가 있고, 우리는 이제 내일을 약속할 수 없기에 오늘을 감사하며 살고 있다. 그의 모습이 종이로 변한 얼굴에 마음이 착잡하다. 우리의 지나간 추억보다 반짝이는 눈망울로 웃어주는 손주들의 희여울 흐르는 목소리에 더없는 행복으로 웃을 수 있으니 이 보석 같은 아이들이 없는 옛날은 돌아가고 싶지도, 그리 생각나지도 않는다. 깊은 고요에 적막한 이 시간도 나뭇가지 사이의 바람은 억새꽃을 춤추게 하며 지나가고 있듯 세월은 뒤돌아보지 않고 우리 곁을 떠나고 있다. 듣지도 말하지도 못하는 이 한 장의 사진 같은 그림은 당신이 삶을 놓을 때 무슨 의미이기에 그리도 소중히 여기는지 당신의 삶을 어떻게 말해줄지, 깨끗이 잘 그려진 초상화는 침묵 가운데 남은 날의 의미를 한 번 더 일깨워주었다. 훌륭한 친구의 깊은 마음을 감사하며 영정사진으로 쓰이게 되는 날까지 다시 책꽂이에서 오래오래 머무르게 제자리에 꽂아 두었다. 생자필멸이라 언젠가는 쓰린 날에 고맙게 쓰일 초상회, 잘 간직하며 누군가 먼저 가는 배웅에 너무 슬퍼하지 않기를 바라며 홀로 남겨지는 시간이 길지 않기를 기도한다. 얼마일시 모를 남아 있는 여생을 아무것도 준비되지 못한 나보다 당신은 더 행복하게 지내기를 초상화에다 속삭여 주었지만, 저미어 오는 마음은 너무 슬픈 선물이었다.

모퉁이 가게

　집 옆의 재래시장, 오후에 창문을 열면 물건을 거저 주는 듯이 아주 싸게 판다고 호객하는 소리는 파장이 가까워 여름철 상하기 쉬운 채소와 과일들을 싱싱할 때 다 팔기 위한 치열한 생활 전선의 모습이다. 처음 접했을 때는 소음으로 짜증 나던 것이 이제는 시장이 끝나는 신호로 들는다. 저녁 일곱 시가 넘으면서 하나둘 문을 닫기 시작하여 북적대던 손님들과 상인들의 모습은 보이지 않는다. 다시는 문을 열지 않을 것 같이 꼭꼭 묶어 매어 단 점포들, 조용해진 어둠의 시장은 삶이 멈춘 듯 적막하기까지 하다. 낮과 밤의 대조적인 반전의 모습이 낯설어지며 두려움이 깔린 쓸쓸함까지 느껴진다. 그러나 아침이 되면 다시 활기찬 생동이 시작되는 곳 어둠 속에서 작은 창으로 시원하게 들어오는 서풍을 느끼며, 사람은 사회적 동물이라는 말이 새삼스러운 것 같아진다. 처음에는 적응하지 못하던 주위환경을 핑계로 집을 옮길 수도 없고 암담하였지만 이젠 살아갈수록 편리함까지 누리며 살고 있다.
　창으로 들어오는 소슬한 기분 좋은 바람을 맞으며 조용하고 불이 꺼진 시장의 모습을 보다, 상인들이 파장하고 돌아간 후 홀로 영업을 하는 가게가 눈에 띄었다. 시장의 끄트머리 모퉁이의 작은 점포다. 이곳은 지하철역이 일 이 분 거리에 있고, 재래시장이 있고 이십사 시간 편의점과 대형 종합매장이 여러 곳 있으며 식당이 즐비한 대단지 아파트와 주택이 밀집한 서울의 인구 조밀 지역의 한 곳이다. 거기다 테헤란로까지도 서리풀 터널을 지나면 차로 오 분 거리다. 아침저녁 출퇴근

하는 젊은 층도 많이 살며. 일반주택에는 터줏대감도 적지 않다. 그래서인지 출근 시간은 정류장에 사람이 많고 차도는 주차장을 방불케 차가 밀리며 붐빈다. 항상 북적거리는 시장은 주위환경과 고객의 패턴에 맞춰 요리하기 쉬운 형태의 음식과 만들어진 포장 식품, 혼 밥에 알맞은 적은 양 등, 다양하게 팔고 있다.

 작은 창으로 어둠 속에 보이는 가게는 푸른 등불에 시원한 간판이 무척 신선해 보였다. 한산해진 늦은 밤 홀로 불을 밝힌 가게가 무얼 파는지 궁금해져, 저녁 후 산책길에 그 가게 앞을 지나가 보았다. 생선회와 회덮밥 튀김 등 먹기에 편리한 식품을 팔고 있어 몇 번 구매하며 판매를 맡은 듯한 안주인과 얘기도 하게 되었다. 모두 파장하고 조용해진 늦은 시간까지 귀가하는 손님을 기다리며 꽤 장사를 잘하고 있는 것 같았다. 쉬실만하게 보이는 연세 같았는데, 손주 손녀를 공부시키기 위해 열심히 돈을 벌어야 한다고 하였다. 뒤늦게 어린 소손들을 보게 된 나의 마음이 짠해지며 남의 일로 들리지 않아, 창문으로 한 번씩 관심을 가지고 보게 되었다. 일찍 문을 닫을 때도 있지만 거의 자정을 넘기는 것 같았다. 저렇게 열심히 살아 자식들을 키워내고 이제는 손주들까지 뒷바라지를 해주려고 생활 전선에 자리 잡고 있다는 것이다. 키워서 결혼시켜 살림 내어주면 끝나는 것 같았던 것은 옛이야기인지, 그들의 삶의 에너지가 내 마음으로 들어와 나를 잠시 혼란스럽게 했다.

 맹모삼천지교와 그 해설을 읽었던 기억이다. 장의사 동네로 이사했다 다시 시장 가까이 이사하고 또다시 서당 옆으로 세 번의 이사를 하여 열심히 공부하게 하였다는 맹자 어머니의 얘기로만 기억하다 훗날 첫 번째 장의사 마을에선 죽음을 알게 하여 삶을 바르게 살게 하였고 시장의 모습에선 치열하게 살아가는 삶이 무엇인가를 깨닫게 하였으며, 서당 옆에서는 바른 목표를 세워 학문에 정진하도록 하였다는 심오한 뜻이 있었다는 것을 알았다. 어린 나이의 영특한 맹자를 훌륭히 키운 어머니로서 후자의 해설이 더 맞는 것 같은 생각이 들었다. 요즘 아이들도 그 나이에 삶과 죽음까지 생각하며 살고 있을지? 백세시대의 죽음은 아득한 먼일처럼 알고 있지는 않을지?

확성기처럼 들려오는 시장의 젊은 외침이 처절한 삶을 잘 헤쳐나갈 수 있다는 자신감처럼 느끼지만, 고단함의 아픔이 서려 있듯 짠하다. 맹자의 어머니가 비켜 간 길에서 주어진 삶에 최선을 다해 자식들을 공부시켰을 부모들, 조금이라도 더 나은 곳에서 품위 있는 안정된 삶을 살게 하려고 아등바등 공부를 시켰겠지만, 시대의 흐름 속에 달라진 문화와 思考사고의 변화에 젊은 세대는 우리 시절과는 다른 고뇌로 번민하는 것 같다.

개발도상국이라 불리던 우리의 젊은 시절은 너 나 할 것 없이 어렵고 힘든 시기를 헤쳐나온 덕에 지금은 너무나 발전한 풍족함이 넘치는 사회가 되었지만, 보릿고개를 넘기며 살기 위한 삶이였던 시절 보다, 인생을 질과 양으로 가늠하는 눈높이가 다른 젊은이들의 애환은 또 다르다. 절대평가와 상내평가에 시달리며 물질 만능이라는 시대에 부족함을 느끼는 힘든 현실 앞에서 젊은이들은 결혼도 미루고 노부부는 소손까지 걱정해야 하는 일들에 마음이 무겁다. 늦은 나이에 맞이한 어린 손주 손녀들이 눈앞에 아른거린다. 나의 능력의 한계가 막연한 걱정으로 꼬리를 문다. 자정이 되어가는 시간 웬만큼 팔았는지 노부부의 가게도 문을 닫고 있다. 어두운 밤 달빛은 앞을 볼 수 있게 하고 총총한 별이 반짝이는 것은 그래도 열심히 살아야 하는 간절한 희망을 말하고 있는듯하다. 내일의 기운찬 젊은이의 호객 소리를 생각하며 노력하는 이 시대 젊은이들을 진심으로 응원해 주고 싶다. 시장의 활기찬 모습에 모두에게 만족은 아니라도 노고에 대한 보상이 삶으로 이어지기를 바라며 무거운 마음을 내려놓는다.

바람이 밀어대는 언덕

 높아지는 하늘을 보며 중추절 전에 성묘를 간다. 들뜨던 마음은 옛일이 되었고 이젠 일 년에 두어 번 한식날과 추석 때 바쁜 아이들 없이 노령의 형제들만 모인다. 먼 길을 힘들어하면서 투덜거리던 시간마저 지금은 한 조각 그리움 되어 만나서 식사도 하고 정담도 나눌 생각에 날짜를 짚어가며 기다리는 날이 되고 있다.
 젊은 날 시어른 계실 땐 명절이 돌아오면 어린아이들에게는 소풍날 같았지만 귀향길의 고속도로는 차들로 메워져 지루하고 짜증스럽던 그 아스라한 기억을 안고 그리움에 코끝이 찡한 채 큰 묘 옆으로 작은 묘들이 나란히 모셔진 조부모님 산소를 거쳐 옆 능선의 시아버님과 두 시어머님이 나란히 계신 곳으로 왔다. 시아버님은 이십 대의 젊은 나이에 상처하시어 재혼하셔서 두 어머님의 제사를 모시고 있다.
 우리는 이번에 결혼한 막내아들 식구를 데리고 왔다. 새 며늘아기를 조상님께 인사도 드리고 유택이 있는 선산을 보여주기 위해서다. 그런데 와서 보니 지난 칠월 악수를 동반한 장마폭우에 산소주위가 허물어져 등산로가 되어있고 비에 쓸린 흙이 산소로 밀려와서 아버님 묘소는 봉분이 크게 훼손되어있었다. 남편은 몹시 언짢은 표정으로 무연고 묘같이 되어있다며 며늘아기 보기가 창피하다고 크게 걱정하였다. 며늘아기는 어리둥절한 얼굴이 되었고, 서방님은 이장계획을 하고 있어서 크게 신경을 쓰지 않았다며 한해 사이 이렇게 훼손될 줄은 생각지 못했다고 말하였다. 선산의 산지기가 노환으로 타계한 후 그의 아들이

대를 이어 관리하다 건강이 여의치 못하여 자리를 뜨고 지금은 재실 옆방에 낯 선 사람이 들어와 있으나 산소관리보다 농지를 쓰는데 더 신경을 쓰며 우리가 와도 별 신경을 쓰지 않는다. 산지기의 일도 옛날과는 많이 달라진 것 같다. 지금도 이 지경인데 우리가 떠나고 나면 누가 돌볼지, 이 일로 이전계획을 더 서둘려야 될 것 같았다.

  훼손된 봉분 앞에서 참담한 마음에 부모님께 죄송한 마음을 고하고 세 봉분의 사연을 생각해보았다. 얼굴도 모르는 큰 시어머님은 출산 후 산후조리도 못 하시고 돌아가셨다며, 남겨진 어린 아기와 신생아를 보고서 측은지심으로 너무 가엽다고 한마디 말을 한 인연으로, 일본서 다니던 학교도 마치지 못하고 부모님과 큰오빠 손에 이끌려 천석꾼 집에 재취 댁으로 시집 보내진 시어머님이셨다. 이유는 여자가 사나운 범띠라는 따분한 옛사람들의 식견으로 인한 것이었다.

  그러나 신생아는 잘 키우지 못하여 잃었고 그러다 6.25 동란 발발로 전실의 큰아들마저 전사하였다. 휴전이 되고 정부가 수립되며 많은 전답은 농지 개혁으로 소작인들에게 넘어가고, 아버님은 교직에서 정년퇴임을 하시고, 그러던 치에 공화국이 들어서며 벌거숭이 산을 살리려고 한 정책에 임야는 그린벨트로 묶여져 생활에 도움이 되지 못한 상태에서 아들들을 서울로 보내 대학공부를 마칠 때까지 많은 고생을 하셨다고 들었다. 그중에 큰딸이 졸업 후 취직하여 잠시 집에 도움이 되었으나 곧 결혼하였다며 그래서인지 어머님은 알뜰하시기가 지나칠 정도였다. 책 읽기를 좋아하시고 우리나라 역사와 주요 인물의 이름도 줄줄 외시고 수학을 잘하시는 머리기 좋으신 시어머님이셨다. 나는 두 어머님 묘 앞에 앉아 혼자 말을 했다. 뵙지도 못한 큰어머님, "그 빈자리에 오신 우리 어머님 해방과 전쟁을 겪으며 마음고생이 많았던 분이니 측은히 생각하시어 저승서 두 어머님 좋은 모습으로 지내세요"라고 의미가 있거나 없거나 주절거리니 마음이 편하였다. 조강지처와 첩의 사이는 하품도 주고받지 않는단다. 하지만 돌아가신 자리에 처녀가 혼인을 올린 것이니 작은댁과는 엄연히 다른 재취로 들어온 새댁이었다.

키워놓은 전실아들이 전사하여 국가에서 주는 위로금은 사시는 동안 요긴하게 쓰셨지만, 유해를 찾지 못한 안타까움으로 편하지 않다고 돌아가시기 전까지 말씀하시던 어머님이셨다. 한 줌의 흙으로 변하신 어머님을 생각하면서 산소 앞에 서 있는 지금 만감이 교차했다.

산소를 내려가는 언덕길 고왔던 시누님은 동생들 부축을 받으며 내려가고 아가씨로 우리 집에 인사 왔던 동서는 세 손주의 할머니가 되었고, 남편과 서방님은 하얀 먼지 같은 백발이다. 산에서 불어오는 바람은 백발의 머리를 하늘로 끌어 올리듯 불어대었다. 바람 때문에 안정감을 잃은 위태로운 걸음으로 내려가야 했다. 보이지 않는 세월의 흐름으로 젊음이 떠난 모습에 아련한 하늘을 바라보니 쓸쓸하였지만, 우리가 살아온 날 속에 장성한 자식들을 생각하면 뿌듯할 것 같기도 했으나 아장아장 걸음마를 하는 어린 손주 손녀들이 먼저 떠오르며, 그들의 정서 속에 좋은 기억을 남겨줄 시간이 얼마 없을 것 같아 더 가슴이 아려오기도 했다.

아버님은 생전에 산소 자리를 정하신 후 자주 산을 둘러 보셨다. 그때는 무슨 생각을 하셨을지 지금의 내 마음이 그런 것일지 젊은 날의 웃음소리가 허공의 메아리처럼 낙엽으로 날아간다. 세월은 어느새 이렇게 흐르고 바람은 등짝을 때리듯이 불어, 내려가는 발걸음이 무상한 슬픔을 느끼는지 흐느끼듯 휘청거린다. 선산 아래 대지에 길게 뻗은 길 위로는 바쁜 삶들이 지나가고 있다.

봉정암 하산 길

 2000년 봄, 구름에 가려진 햇살의 휴식으로 날씨는 흐렸지만, 도반 선정행과 둘이 봉정암을 향해 산을 걸어 오르기 시작했다. 옆에서 잘 걷던 도반이 갑자기 아! 하며 이마를 감싸 쥐었다. 튀어나온 바위에 이마 한쪽을 부딪친 것이었다. 작은 상처지만 피가 보였다. 도반은 잠시지만 화가 나는 생각을 했더니 부처님이 벌주신 것 같다며 묵언으로 오르자고 했다. 두세 시간쯤 지나 중간쯤 다다르자 가느다란 빗방울이 보이기 시작했다. 걱정스러워 더 부지런히 가야겠다고 생각하며 오르는데 귀에 익은 목소리다. "어 지장성 왔구나. 나는 어제 왔었어, 이거 필요할지 모르니 받아" 하며 비옷을 벗어 주고 도반 연화정이 지나갔다. 험한 산길을 모두가 조심하며 줄을 이어 올라가고 내려가는, 성지 순례의 기도를 위한 길인 만큼 시간을 지체할 수 없어 서로가 스치듯이 반갑고 고마움을 묵례에 가까운 짧은 인사를 나누기만 했다. 요즘은 길이 많이 좋아졌지만, 그때는 위험스럽고 험한 곳이 많은 힘든 길이었다. 돌을 잘못 밟으면 굴러서 아래쪽의 사람을 다치게 할 수 있어 모두가 조심하며 걷고 있었다. 목탁 소리가 가느다란 비처럼 귀를 적신다. 드디어 적멸보궁 진신 사리탑에 도착했다. 마음이 뿌듯하다.
 여러 번 왔어도 올 때마다 또 다른 희열을 느꼈다. 법당에 들어가니 불자들의 신심에 휩싸여 향 내음이 염불처럼 느껴졌고 불상의 엷은 미소는 네다섯 시간 돌산을 힘들게 올라온 참배객들을 어여삐 여기며 위로해 주는 것 같았다. 둘이서 밤을 새우는 기도에 동참하고 다음 날 아침 여전히 내리는 빗속에 어제 도반이 주고 간 비옷을 입고 선정행 도반도 준비해온 비옷을 입고서 조심조심 내려왔다. 석가모니불! 석가모니불! 밤새 정근한 염불 소리가 여운이 남은 듯이 귓가에 맴돌았다.

하산하다 중간쯤에서 눈앞에 보이는 광경에 걸음을 잠시 멈추어야 했다. 노쇠하신 노인을 업고서 사십 대 초반쯤 되는 젊은이가 이 험준한 산길을 내려가고 있는 것이었다. 또 한 젊은이는 큰 배낭을 메고 노인의 것으로 보이는 지팡이를 들고서 따라가고 있었다. 비는 부슬부슬 내리는데, 정말 위태로워 보였다. 아마도 일찍 하산하기 시작한 것 같았다. 궁금한 생각도 잠시 들었지만, 그분들을 위험에 빠뜨릴 것 같아 앞지를 생각을 하지 않았다. 같이 간 도반도 워낙 몸이 약한 터라 천천히 걷기로 했다.

그렇게 차분히 걷다 보니 지나가는 이들의 얘기가 귀에 들어왔다. 병약하신 어머니가 살아생전에 봉정암에 참배 한번 드리고 싶다고, 소원하시는데 건강은 갈수록 좋아질 것 같지가 않아, 두 아들이 교대로 업고 모셔와서 봉정암 사리탑에 참배를 드리게 하고 하루를 묵고 내려가는 길이라는 것이었다. 헬리콥터를 타면 쉬운 일인데 굳이 업어서 모시기로 하였다니 하는 생각도 들었지만, 그 효심과 불심에 마음이 찡하니 봉정암 얘기를 하시던 대전에 계시는 시어머님 생각이 났다. 나는 성당을 거부하시는 시어머님이 이 십 년 가까이 "절에 나갔냐?"고 성화를 하셔서 불교가 뭔지 상식 정도라도 알아보자는 생각에서 불교 대학에 등록하여 법문을 들었다. 그렇게 시작했지만, 법문이 너무 좋아 계속 머무르며 심취했다

저 노모의 부처를 향한 신심, 그 어머니에 키워진 아들들, 열반으로 향해 가는 어머니께 아쉬움을 남겨드리지 않고 자신들에게는 후회의 한을 남기지 않고자 하는 효심이 느껴지며 가슴이 먹먹해졌다. 그것이

이 아슬아슬한 산길을 내려가게 하는 버팀목이라 생각되었다. 인간은 이웃의 고통을 공감하며 연민하는 존재라고 했던가. 뒤에서 내려가는 이들이 더 안쓰러워했다.

어머니를 업은 아들은 비보다 땀으로 옷이 다 젖고 턱으로는 빗물 같은 땀이 흐르고 있었다. '부처님! 저들의 신심을 가상히 여기시어 잘 내려갈 수 있게 가피를 내려주십시오'. 마음속으로 몇 번을 염원했다. 내려가는 사람들도 가끔 염불하듯 그들을 위해 기도하며 갔다. 나는 발목 인대의 통증으로 잠시 쉬며 허공에 지나가는 빗줄기를 보았다. 빗물은 힘든 땀을 어머니께 보이기 싫은 아들의 마음을 알고 내리는듯 하고 어머니가 노쇠하시어 피골이 상접 한 것은 아들이 업을 것을 미리 알고 가볍게 하기 위함 같았다.

올라가는 데는 건장한 혼자 몸도 다섯 시간 정도의 산길을 저 아들들은 노모를 업고서 이미 해낸 것이었다. 부모은중경의 법문 같았다. 그러나 내려가는 길은 어머니의 무게가 더 위험한 것은 아닌지 조마조마하였다. 법화경 중에 관음경을 떠올리며 관세음보살님의 대자대비에 일체의 고통에서 벗어날 수 있음이 저 모자의 모습이 아닐까? 부모은중경을 그대로 근기 낮은 내게 가르치고 있다는 생각에 눈앞이 흐려지며 잘 해드리지 못하는 다리가 불편하신 친정어머니 생각에 잠시 가슴이 저렸다.

이 넓은 우주 공간에 홀로라는 나약함은 우주의 전능하신 신을 부르며 믿고 의지할 수 있다는 것으로도 삶은 희망스러워지는 것은 아닐까? 진리를 깨우치는 세상의 이치를 묵과하며 살 수 있을까? 많은 생각이 머릿속을 스쳤다. 두 아들이 잠시 숨을 고르며 교대를 할 때 우리는 앞으로 건너가며 그 모자들에게 합장으로 눈인사를 했다. 생각보다 나이가 들어 보이는 아들들은 합장하며 웃고 있었다. '영시 암'에 도착하니 옆의 산장주인이 그 아들들의 효심에 감화된 듯 용대리 주차장까지 태워드리겠다면서 모자들을 기다리고 있었다. 산장에서부터 용대리까지는 두 시간 걸린다. 산장주인의 차가 한 대 있다. 가끔 부상자나 피치 못할 상황이 발생할 때 도움을 주는 경우가 있으나 지금은 주인장이 모자들의 소식을 듣고 갈 길을 늦추고 기다리고 있는 것이란다. 불보살 같은 보리심을 들으며 안심되고 감사했다.

 스님들의 부처님 설법을 듣다 보면 구석구석 사람의 생활 모습에 법문이 다 새겨진 듯 어떻게 보고 어찌 깨닫는가에 따라 우리네 삶이 법문 같았다. 나는 언젠가 성당으로 되돌아간다고 하였지만, 나의 정서야말로 고뇌 속에 심히 혼돈 상태이었다. 아마도 성경보다 법문을 먼저 공부했다면 나는 승려가 되지 않았을까? 전생의 많은 복덕이 쌓여야 구도자가 될 수 있다고 들었다. 전생이나 이생이나 공덕이 적어 이 모습인가 하는 생각을 자꾸 했다. 초발심자경문을 읽으며 나를 채점해보기도 하였었다. 법문을 공부한 시간은 내 삶에 많은 지침이 될 것이라는 그때의 깊은 충격 같은 깨달음은 살아오는 동안 틀리지 않았고 나의 행동 작은 것에도 삶의 무게를 느낀다. 밥알 하나에도 버려서는 안 되는 깊은 부처님 설법을 두려워하며 생활의 습관으로 자리를 잡아가게 되었던 것을 느끼며 하산 길의 기억을 더듬어보았다.

상원사 선재 길을 걸으며

　청하 문하생 삼십여 명이 차를 타고 사찰 아래까지 왔다. 우리나라에 한그루밖에 없다는 잎갈나무가 있는 곳에 도착해서 십여 분을 더 걸어 오르니 상원사 뜰에 도착하였다. 햇볕이 따사로이 맑은 날씨에 산의 사찰은 고요하다. 참 오래전 일이 떠올랐다. 한 이십 년은 지난 것 같다. 내가 선 이 자리에서 한 居士거사 분이 서서 열심히 안내를 해 주셨던 기억이다. 마치 다시 들리는듯하다.
　불자들이 죽기 전에 꼭 봐야 하는 5대 적멸보궁 중의 한 곳이며 유일하게 문수보살을 주불로 하는 문수전이 있는 사찰이며 경내에서 비로봉 쪽으로 십여 분 올라가면 적멸보궁이 있다. 특이하게도 우거진 산림 사이로 계곡이 있는 한쪽으로만 시야가 보이는 곳이라고 하였었다. 그리고 오대산의 또 다른 이름이 청량산이라고 하여 청량 선원이라고도 불렸던 사찰이란다. 이곳은 불, 물, 바람의 재난이 없는 곳이라고 하였지만, 석가모니 부처의 일생을 그린 팔상탱화를 봉안한 영산전을 제외한 건물들은 1946년 화재로 새로 세운 것이라고 하였다. 영산전 석탑은 약 천년을 지나온 탑이라고 하였는데 석탑의 모서리는 비바람에 둥글게 다듬어졌다. 마치 세파의 고뇌에서 득도한 해탈의 모습이 저렇게 무색으로 다듬어시는 무심의 돌 같은 모습은 아닌지. 상원사는 우리나라에서 가장 오래된 동종비각(국보 제36호)과 세조가 쓴 친필 첩인 중창 권선문(국보 제292호)을 소장하고 있는 곳이다. 세조가 직접 권선문을 작성하고 사찰을 크게 중창하여 이름을 상원사로 짓고 왕실의 願刹

원찰로 삼았다고 하였다. 세조가 괴질 피부병을 얻어 이 사찰의 문수보살의 加被가피로 나았다고 하였고, 문수보살의 지혜 도량으로 수능이나 국가고시가 있을 때는 법당에는 합격 발원 기도를 드리는 불자들로 빈자리가 없다고 하였다.

마당의 봉황 보당 기둥에는 큰 시주를 한 불자들의 이름으로 생각되는 각자가 새겨져 있다. 꼭 이름을 새겨야 하는지 어느 종교에서나 我相아상과 교만을 버리라고 하지만 속내가 보이는 씁쓸한 많은 일 들은 어느 곳에서나 사람의 일이기에 있는 것 같다. 그래서 기도로 바뀌고 다듬어져야 하는 것이 우리의 삶인가 생각도 해보았다. 나는 가톨릭 신자지만 두 며느리가 좋아하는 부처님을 생각하여 계단을 올라가 문수전 복전함에 붉은 지폐 한 장을 넣었다. 그리고 월정사 주차장까지 어느 길로 갈까 잠시 망설이다 언제 다시 올 수 있을지 이런 기회가 쉽지 않을 것 같아 쉽게 걸을 수 있는 전나무 숲을 뒤로하고 선재 길을 걷기로 마음을 정했다. 선재길 곁으로 흐르는 계곡물에 아직도 모가 많은 마음의 아상을 던져 두 시간 씻기면서 같이 굴러 가보자. 얼마나 맞으며 구르며 다듬어질까. 9.6KM라고 적힌 안내판을 보며 '누구에게도 걱정을 끼치는 일 없이 두 시간을 쉬지 않고 잘 걷도록 노력하겠습니다'. 마음으로 기도하고 두세 사람과 내려가기 시작했다. 나는 걷는 것에 집중하기에 옆 사람과 여담까지 하기에는 힘이 들어 항상 생각이 많을 때는 일행과 조금 동떨어져 걷는 버릇이 있다. 그러다 보면 남보다 조금 빠르거나 뒤 쳐진다. 지금은 일행과 모여서 서울로 출발 시간 약속이 정해진 걸음이니 선두에서 걷기로 하였다.

걷는 걸음걸음 계곡물은 무슨 훈계를 그리 많이 하는지 쉴새 없이 조잘대지만, 속세에 익어있는 귀는 잘 알아듣지 못했다. 울어대는 맑디맑은 계곡물에 손 한번 넣어 씻어볼까, 발 한번 담가볼까 스치듯이 생각하다 아니다, 나로 하여 구정물이 되지 않게 그대로 따라가기만 하였다. 숲길 한가운데 늙은 호박만 한 쇠뭉치가 땅 위로 솟아 있다. 누군가 다칠까 염려되었다. 발이 푹신하다. 아니 이 아늑한 자연 속에 이건 뭐지? 생소한 느낌에 발아래를 살펴보니 나무껍질로 꼬아서 만든 가마니 형태 길 방석이 깔려있었다. 선재 동자의 깨달음을 생각하는 길에 잠시의 불편함도 참지 못해 이런 인공의 길이 필요한지 왠지 실망스러웠다. 그럴 바엔 위험한 쇠뭉치나 치워놓으면 더 안전하지 않을까 하는 생각을 하자 길 방석은 지나친 배려 같았지만 비나 눈이 올 때를 위한 것이리라. 많은 수행자가 밟은 모습으로 다듬어진 길을 상상하다가, 문득 단종을 몰아내고 왕위에 앉은 세조를 왜 낫게 해 준 건가 하는 의구심도 생겼지만, 속인인 내가 무엇을 안다고 어찌 심오한 부처의 깊은 뜻에 의문을 달겠나 스스로 마음을 여미게 되었다.

상원교를 지나 오대산장 옆 주차장 해우소를 거쳐 섶다리까지 왔다. 붉게 타오른 단풍나무에 햇빛은 더없는 찬사였고 맑은 물소리는 천상의 하프 소리도 부럽지 않았다. 그런데 이상한 것은 숲속에서 새의 울음소리를 듣지 못했다. 어울려야 하는 화음이 빠진 것 같다. 날아가는 새도, 지저귐도 없으니 허전함이 괜히 다리가 아프게 느껴졌다. 어느덧 포장된 도로가 보인다. 계곡물은 다리 아래로 들어간다. 계곡에 던진 아상은 내 마음에 그대로 있다. 마음 밖으로 나가지도 않았던 것 같다.

차에 오르니 전나무 숲길로 온 일행들이 이미 도착하여 쉬고 있었다. 나는 신재길의 선두팀으로 도착했다. 아픈 발을 주무르고 나머지 일행이 오기를 기다리며 주차장 주위에 새소리를 들을 수 있나 귀 기울이며 두리번거려 보았지만, 새들의 사랑 노래는 들리지 않았다. 이유는 모르지만 흐르는 세월은 많은 모습을 변하게 하여도 山色古今同

산색고금동이라고 우거진 산새도 그대로고 계곡물도 그대로 흐르거늘 사람의 모습만 흘러간 물처럼 옛 모습을 잃은 것 같다. 땀에 젖어 내려왔지만, 소금 쩍은 생기지 않았다. 몸과 마음이 개운하여졌다. 모든 것이 마음에서 일어나고 있는 생각으로 느껴지는 것이라는 말을 생각하니 삶이 있는 이 시간 새소리를 듣지 못해도 산사의 향기 자욱한 숲길의 시간 더없이 귀한 순간이 아니었나 싶어졌다.

옅어지는 팥 빛 사랑

 가끔은 산책길에서 무심히 떠오르는 생각들에 잠겨 자그만 바위라도 보면 걸터앉는 버릇이 습관이 되었다. 머뭇거리는 사이 시간은 쉼 없이 흘렀고 그 젊은 날의 떠난 시간 들이 조금은 아쉬움을 느낄 때가 있었지만, 가슴앓이는 하지 않는다. 돌이킬 수 없는 일들이 되었기에 멍해지는 기억들, 앉아있는 바위 아래 숨죽여 핀 돌짬의 조그만 꽃, 내게도 저렇게 수줍어하던 맑은 시절이 언제였을지. 거만함이란 찾아볼 수 없는 작디작은 꽃, 볼수록 앙증맞고 예쁘다. 관심받지 못한 불만과 욕심의 그늘은 없다. 보고 있노라면 어느새 기분이 좋아진다. 참 긴 시간에 많은 일이 지나갔지만, 기억은 고스러지듯이 잊어가고 언제부턴지 작은 것들이 돋보이기 시작했다. 이어져 온 계절의 반목으로 내게 쌓인 추억들이 먼지처럼 서서히 흩어지니 소중함이 무언지 다시 알게 되는 것처럼, 지난날 아스라이 멀어진 기억에는 앞가림을 어리석게 해버린 무모한 일들이 가장 아끼는 사람에게 빚이 되어, 공허한 회한에 멈춰있기도 하였다.
 작아도 한 송이꽃이라고, 당당하다. 작은 이슬방울과 조금의 햇살에 산들거리며 스쳐 가는 틈새 바람으로 좁은 바위틈을 집으로 삼고 뿌리를 내리고 곱게 피어있다. 이곳에도 벌과 나비가 다녀갔을까 앵앵거리는 소리가 들릴 것만 같다. 긴 겨울 지나 다시 봄이 오는 이 우주의 섭리에는 잎새만큼의 신비와 축복이 곳곳에 있었다.
 바람비에 꽃잎을 잃을 땐, 미련 없이 씨앗을 만들며 긴 추위 속 얼어

버린 땅에서 더 단단하게 성장한다. 인간들처럼 속 끓이는 분탕질은 없다. 허욕의 눈에 가려 제대로 보이지 않았던 작은 꽃들이 비워지는 마음 안으로 살며시 안기며 소소한 삶의 의미가 가지런히 자리한다.

　작은 꽃보다 작았던 내 마음속에 벙글다 시들어 버린 용기없던 일들, 원래 내 것이 아니었던 모든 것으로부터 점점 자유로워지려고 去者日疎거자일소 라는 사자성어를 떠올리며 많은 이들에 대한 기억을, 그렇게 잊으며 이렇게 살아가고 있듯이 자연이 인간에 대한 배려는 엄청난 것이라는 생각이 들었다. 이어져 온 낮과 밤의 궤도에 나는 무엇을 가장 사랑하였고, 원했던 것이 얼마나 필요한 무엇이었나를 생각해 본다. 비릿한 속세에 찌든 때가 지워질 것 같지 않다. 자연의 빛과 소리에 마음을 조율하기도 하며 그래도 나름 용기 내어 살아온 먼 길을 떠올리며 숨소리마저 옅어지는 일몰을 바라보는 노을이 아름답기만 한 것은 아니다. 목숨 같았던 사랑, 그마저도 작은 미소였던 것을 왜 이제야 떠올리는지, 노을은 하늘을 향해 화톳불 토하듯이 미련을 잡고 있지만, 서서히 어둠은 내려오고 있다. 작은 음성이 짙은 팥 빛으로 쪼르르 다가온다. 반짝이는 눈망울로 내미는 손주 손녀의 고사리 같은 손을 잡으면, 다 주고 갈 수 없는 사랑으로 그 어린 작은 가슴에 슬픔을 알게 만드는 노을빛 여정의 재깍거리는 소리가 점점 크게 들려오니 잘 이겨내며 자라기를 기도하는 마음이 연민으로 조여든다.

수박 데이트

　까마득히 잊었던 웃음 나오는 기억, 토요일 오후 삼복더위 여름의 하루였다. 경리 장교인 그는 사복 차림으로 나왔는데 손에는 생뚱맞은 수박을 한 덩이 들고 있었다. 동래 범어사로 가잔다. 절에다 드릴 모양이구나 짐작하며 말없이 걷다가 딱히 할 얘기가 궁하여 물어보았다. "무거울 것 같은데 절에다 드릴 건가요?" "아니야 중간쯤 올라가서 시원한 나무 그늘에서 자리 잡고 먹으려고 사 왔지" 어? '뭐라는 거야' 어이없는 웃음이 나오려고 하였지만, 실례가 될 것 같아 참으려는데 실없는 내가 한번 떠오른 웃음을 참기는 힘들었다. 어울리지 않는 딴 이야기로 히죽거리며 실소를 감추었다. 중턱쯤 다다르자 넓적한 바위에 걸터앉으며 자리 잡았다. 옆에는 이름도 모르는 큰 나무가 소나무의 송진이 빠진 듯이 구멍이 파여 있었다. 상처가 난 건지 누가 홈을 판 건지 알 수 없었지만 나는 장난으로 그곳에다 메모지에 날짜를 써서 넣으며 이 만남이 이어진다면 훗날 다시 와서 볼 생각을 했다.

　"수박 먹어요" 다정한 목소리가 어색했지만 약간 배도 고프고 갈증도 났다. 더위 때문인지 저녁 식사시간이 가까워서인지 주위에 사람도 없고 자를만한 도구도 없었다. 퍽 하는 소리가 들리긴 했지만, 돌에 찍었는지 수벅으로 조긱낸 긴지 나무를 보고 오니 수박은 몇 개로 조각나져 있었다. 그중에 모양이 가지런한 것으로 나를 주었다. 과일의 많은 종류를 좋아했지만, 수박은 너무 커서 혼자 먹기 불편하여 그렇게 좋아하지 않았다. 무거운 것을 들고 온걸 보면 좋아하거나, 어지간히 먹고 싶었거나 한 것 같아 같이 먹었다. 맛있게 먹는 걸 보다, 앞니가 대문짝만하고 약간은 뻗어 보이는 것이 수박 먹기에 맞춤인 것 같았다. 그 생각에 터질 것 같은 웃음을 참으려다 사레가 들려 캑캑거렸다. 나를 더 웃게 하는 것은 즐거워서 그런 줄 알며 그가 같이 웃는 것이었다. 어느새 나는 수박 먹는 것이 좋아서 웃는 사람으로 되어 있었다. 둘이서 먹으면 얼마나 먹겠다고 사 왔을까 했지만, 그는 정말 잘 먹었다. 수박을 많이 좋아하는구나, 생각하며 남은 것은 아까운 듯이 나무 숲에 거름으로 밟아주고 내려왔다.

 그 시절은 밤에 통행금지 제도가 있어서 마지막 버스를 놓치면 안 되기에 여름날 긴 해의 끝에 다음을 약속하고 차에 올랐다. 근 두 시간 거리에 세 번째 갈아탄 텅 빈 마지막 차에서는 생전에 해 보지 않은 멀미까지 하며 쓰러질 것 같았다. 갑자기 차장(안내양)이 기사 아저씨를 불렀다. 차를 세우고 나를 일으키는 사이 낮에 조금 먹은 수박을 토해 내었다. 심한 복통에 정신이 없었다. 차장은 물이 어디에 있었는지 차 바닥에 붓고 비질을 하였고 인정 많은 기사 아저씨는 정신 차리라고 등을 두드려 주었다. 창피하고 미안하였지만 참기 힘든 심한 복통으로 움먹이기만 하였다. 깁 잎의 징류장에 내려 주며 조심해 가라고 하셨지만, 인사도 할 수 없었다. 일 분 거리의 집이 왜 그리 멀던지 아픈 배를 움켜잡고, 식은땀을 흘리며 대문으로 들어가 현관문을 열고 그대로 거실 마루에 쓰러졌다. 놀라는 식구들에게 차에서 일을 말하고 복통을 말했지만, 밖에서 잘 먹고 체한 줄로만 알며 "천천히 먹지, 맛있다고 성격처럼 급하게 먹었구나" 하시며 도리어 나무라는 듯한 어이없는 걱정에 대답하기에는 기운도 없었고 싫었다.

 그 날 이후 12년이 지나 가족이 모두 좋아하는 수박을 함께 먹고서 두 번 응급실을 갔다. 심한 복통은 알지 못하는 진통제의 주사를 맞아야만 멎었다. 병원에선 수박 많이 먹으면 종종 그런 일이 있다며 대수롭지 않은 듯이 말했다. 그러다 우연히, 마장동의 약재상에서 의사 자격 없는 약재상이 알지도 못하는 오링 테스트를 해준다며 진맥하였다. "수박 먹고 탈 난 일이 없으세요?"라고 묻더니 "큰일 나요, 죽을 수도 있어요" 절대 수박을 먹으면, 안되는 체질이라고 하였다. 신랑과 나는 어리벙벙한 채 마주 보며 수박 알레르기인 것을 그때 알았다. 그제야 대학병원 가서 알레르기 검사를 하였다. 많은 종류에서 반응이 나왔다. 의사 선생님도 조심하고 신경 써야 할 것 같다고 하셨다. 생각하니 아스피린을 먹을 수 없는 것을 비롯해 투약하지 못하는 종류를 적어 병원에서 처방전에 꼭 미리 말하는 약이 몇 가지 있는 것을 생각하며 음식까지 그렇다고 하니 생활입지가 좁아지며 뭔지 모를 행복감도 조금 달아나는 것 같은 생각이 들었다. 아이들도 나를 닮았을까 걱정스러워졌다.

  돌이켜 생각해 보면 정말 위험스러운 데이트였다. 그 후 식구들이 좋아하는 수박은 횟수를 줄여서 먹게 되었고 돌팔이 의사처럼 진맥해 준 약재상은 나에게 큰 도움을 준 사람이라는 생각에 기억 날 때마다 감사한 생각을 했다. 그리고 가끔 그 나무의 홈에 꽂아 넣은 종이를 생각한다. 쳇바퀴 돌 듯이 살아오다 보니 이젠 어느 길인지도 어떤 나무인지도 찾을 수 없다. 아마도 비바람에 곰삭아 흔적도 없을 것을 확인하고 싶지 않은 것이다. 기억 속 실뿌리 같은 즐거운 추억으로만 떠올린다. 데이트하며 맛있는 것 사주지 않고 자신이 좋아하는 것을 들고 온 그는 지금은 내가 수박을 쳐다보기만 해도 나무란다. 세월이 흐르니 자신만이 아니라 아내가 좋아하는 것도 있다는 걸 알게 된 것 같다. 평생 받으려고만 할 줄 알았는데 세월은 모든 것에 감사하고 웃을 줄 알게 하는 너그러움을 가르쳐주는 것인지, 서툴고 어색하지만 힘들어

하는 나를 진지하게 도우려는 마음도 조금씩 보인다. 서로 맞잡고 도와야 하는 젓가락 같은 모습의 삶이 되었지만, 삼복의 식탁에 잘 익은 빨간 수박을 그를 위해 담아놓을 수 있는 밋밋한 랑데부 같은 시간, 마주 보며 나는 수박을 먹지 못해도 그 이상했던 데이트의 기억이 새롭게 떠올라 웃어보았다.

함께 사는 세상

 누군가가 뿌리고 바른 짙은 향수가 땀 냄새와 뒤섞여 지하철 안의 공기가 텁텁하다. 그리 복잡하지 않은 곳에 앉아, 어둠을 밝힌 불빛에 문명의 혜택을 느끼며 지하철을 타고 간다. 경로석을 향하여 몸을 돌려가던 노년으로 보이는 남자가 넘어질 듯 비틀했다. 옆 사람이 빠르게 부축했다. 젊은이가 앉아 내밀고 있는 발에 걸린 것이다. 두 사람은 서로 인상을 쓰며 바라보았지만, 젊은이는 앉은 채 발만 까딱이고 노년의 남자는 무언가 말하려다가 포기하는 듯 자리를 찾아 앉았다. 두 사람의 태도에 답답하고 슬며시 화가 났다. 저렇게 아무 말도 없이 지나칠 수 있나, 노인은 위험스러웠는데 젊은이는 마치 노인의 잘못이라는 듯 조금도 자세를 고치지 않고 그대로 앉아 또 다른 이에게 불편을 주고 있었다.
 정말 오래전 기억이다. 국민차가 나오기 시작했을 때였다. 새 차를 몰고 외출했다가 겪은 일화다. 배달통을 실은 낡은 작은 스쿠터 한 대가 멈추지 못하고 차를 살짝 건드렸다. 차 안에서 생각해볼 때 색이 조금 벗겨졌을 것 같았지만 그냥 가라고 했다. 하지만 아르바이트하는 학생인지 행색이 여유롭지 못하고 조금 어려 보이는 스쿠터운전자는 아주 공손하게 코가 땅에 닿을 듯이 인사히며 머뭇거리며 가지 않고 서 있었다. 다시 한번 그냥 가라고 말하니 그제 서야 한 번 더 머리를 깊이 조아리고 "죄송합니다"라는 말을 남기며 자리를 떠났다. 그렇게 마무리하고 집에 와서 차를 보고는 아연했다. 왜 주저하다 갔는지를 생각하니 마음이 아프기도 하였다. 살짝 닿은 것 같아 내리기도 싫고 하여 그냥 보냈는데, 이런 줄 알았으면 확인하고 아이를 보내줬으면 아이가 마음이 편했을 것을 도리어 안타까운 생각이 들었다. 등록한지 두 달 된 새 차 오른쪽 앞뒤 문이 깊게 마모되어 문짝 두 개를 다 교체하였다. 그 어린 배달원은 난감한 마음이었을 망정 달아나거나 하지 않았다. 아마도 차에서 내려 무슨 야단이라도 쳐주기를 기다린 것 같았다. 행동에 대한 책임을 아는 그 어린 학생에게 어떤 배상도 받을 모양새도 아니고 생각도 없었지만, 마음을 편하게 해주지 못한 것이 조금 안타까웠다.

  나의 나태한 태도가 무모한 선심으로 오해될 수 있었을 것 같아 조금 걱정스럽기도 했지만, 그러나 너그러움과 배려의 여유가 있어야 사람들은 부대끼며 살아가고 세상은 굴러간다는 생각을 한다. 동토의 땅에서 살아남기 위하여 형성된 '툰드라의 법칙' 꼭 공생의 법칙이 아니어도 사람들의 마음속엔 상대방에 대한 배려부터 갖고 있어야 하고, 가치관이 바르게 서 있는 삶을 살아가야 하는 것이 사람들이다. 어려서부터 가족관계에 의해 인성이 갖춰져야 하겠지만, 배려와 너그러움의 관용은 자신들 스스로 겪은 경험을 기억하게 되면, 그들도 그렇게 너그러움을, 용서의 삶을 실천하지 않을까 생각되었다.

  인간의 성품은 환경에 따라 변하며 형성된다고 하지만 중국의 유학자인 순자의 성악설과 맹자의 성선설 중 성선설에 더 많은 지지가 있는 것으로 알고 있다. 하지만, 두 가지가 다 수양을 권하며 도덕적 인품의 완성을 이루고자 함은 같은 맥락이라고 하였다. 지금의 우리를 보고도 옛날 사람 대하듯 꼰대 라고 하는 젊은이도 있다. 요즘은 德治 덕치라는 말보다 법치니 패권이니 하는 배타적인 말이 만연한 것같이 생각된다. 젊은이에게 유교 사상의 덕목을 말해주는 어른도 보기 드물고 거기다 예절 바른 젊은이를 보면 "요즘 사람 같지가 않아"라고 하는 말을 들을 때마다, 어른이 더 문제가 아닌가 한다. 반듯한 젊은이가 사회에 더 많기 때문이다. 가끔 매스컴에 오르내리는 젊은이의 흉흉한 행동은 정상을 넘어 비상식적 행동인 것으로 가십거리가 되고 사회의 비난도 받게 된다. 어른들도 마찬가지다. 많은 것들을 잃어가며 사는 것 같은 각박하고, 자기권리에 대한 책임을 생각지 않는 모습, 지금은 조그만 일에도 윤리와 도덕, 상식은 아랑곳 아니하고 법을 들먹이는 사회다.

 사십 년 전 그런 일도 벌써 아득한 옛날의 인심인 것 같다. 어른들이 먼저 좋은 본보기가 되어야 했지만, 체계 없이 받아들인 서양문물에도 많은 문제가 야기된 채 정착되고 있는 것 같다. 갈수록 삶의 무게를 느끼게 될 고군분투하는 이 시대의 젊은이들에 맹자의 성선설을 믿어보고 싶다.

 어른들은 젊은이의 좋은 본보기가 되고 그릇된 일에 일침을 가할 수 있는 가치관이 바른 모습을 갖추어야 한다. 또 젊은이는 어른을 공경하며 죄송하든 미안하든, 자신의 행동을 인정하며 말할 수 있는 당당한 자존심과 인성이 갖추어진 사회가 되어 이 한 세상, 같이 흐를 수 있기를 기대한다. 미안함과 자신의 행동에 책임을 모르는 젊은이나 씁쓸한 표정을 감추지 못하면서도 말을 하지 못하는 어른을 보며 답답하고 무거운 마음으로 지하철을 빠져나왔다.

작은 음악회

해가 기우는 오후 다섯 시, 플루트 하우스라는 곳에서 여는 작은 음악회에 갔다. 십오 명 정도 회원들이 모여 조촐하게 하는 음악회이다. 시작하고 나면 관객이 한두 명 더 많아지기도 한다. 연주자들은 예술의 전당에서 공연할 때나 만나 볼 수 있는 역량있는 성악가나 연주자다. 일 년에, 네 번 정도 기획한다고 하였다. 우연한 인연으로 참석하였다가 아름다운 소리에 감동되어 이후 빠지지 않으려고 애쓰고 있는 곳이다.

처음에 김성진의 클래식 기타 연주에 매료되어 너무나 행복한 시간을 보냈고 이번은 세 번째로 소프라노 박선영의 '봄의 소리'를 들으러 갔다. 아리아를 시작으로 우리의 가곡 '산유화'와 별, 마지막에 플루트와 성악의 협연까지 들었다. 한밤의 세레나데에서 이른 아침의 오바드까지 들으니 작은 실내 공간에서 밤을 새우고 날이 밝아 오는 느낌이었다. 나는 담쟁이 덮인 창문에 목을 괴고 밤새 피앙세들의 사랑 노래에 취한 듯 나이도 할 일도 잊으며 자리에서 일어나기가 아쉬웠다.

유럽에서는 보편화 된 공연이라고 하며 삼삼오오 모여 고풍스러운 정원을 보며 거실에서 품위 있게 듣는 귀족음악회라고 했다. 하지만 과년한 자식들의 혼사를 위해 미모와 재능, 인품과 부모의 재력까지 은근히 과시하며 인맥을 위한 조촐한 초대의 형태로 행하여 내려온 것이기도 하단다. 유명한 소설에 나오던 이야기들이 연상되었다. 유럽의 귀족들에 의해 살롱 콘서트라는 이름으로 이어져 온 생활문화로, 우리

나라에서는 아직은 제대로 자리 잡히지는 않았어도 크고 작은 모습으로 점점 활발해 지고 있단다. 2022년엔 윤보선 고택 살롱 콘서트가 있었다고 하였다. 좌석이 이 백석이나 되었는데 짧은 시간에 매진되었었다고 하는 것을 보면 문화생활의 모습들이 예전과는 많이 변한 것을 느끼게 하였다.

 이곳은 그런 곳과 비교할 수 없는 아주 작은 음악회이다. 하지만 연주자는 연주복까지 갖추고 정중하게 공연하며 피아노 반주자와 해설자까지 함께하여 그날 듣는 음악의 해설까지 들을 수 있었다. 덕분에 궁금한 상식까지 채우며 조금이라도 해박해지고 힐링까지 되는 시간이었다. 플루트 연주자인 박해성 선생이 뜻을 가지고 우리 사회에 응접실 문화를 고착시키고자, 훌륭한 연주자나 성악가들을 가까이 접하고 이해하며 생활문화의식을 향상하는데 일조할 의지로 기획을 이어가고 있다고 하였다. 몰랐을 때는 기회를 얻지 못했지만, 앞으로는 시간을 내어 참여하고 싶어졌다. 라디오 주파수를 찾아서 듣는 오케스트라 공연도 가끔 초대장을 들고 공연장으로 가서 보며 듣기도 한다. 그때마다 큰 홀이 거의 만석인 것을 보면, 관객의 의식 변화와 대중화가 되어가는 느낌을 받기도 하였다. 삶의 질이 다양해지고 생활의 문화가 바뀌어 가는 많은 모습이 이렇게 가까이 와있구나 하는 생각을 하게 된다.

 바람에 물살처럼 희석되어 아름다움의 여유를 제대로 만끽하지 못하며 바쁘다는 핑계로 살아온 시간이 무색한 것은 아니다. 이런 시간을 가질 수 있는 것으로도 삶이 또 다르게 느껴졌다. 음악회가 끝나 지하철을 타려고 기다리는데 驛舍역사에 걸린 모니터에서 러시아가 우크라이나에 또 포격을 가하였다는 아나운서의 기계같은 목소리와 함께 처참한 전쟁 장면을 보여주고 있었다. 그리곤 곧이어 케이팝이 나왔다.

뉴스 순서도 삭막하기만 했다. 빠른 화면의 바뀜은 세상의 많은 일이 빠르게 돌아가듯 정신이 산만하여진다.

생사를 오가는 전쟁터의 얘기들이 뉴스 시간마다 계속 들려오지만 그렇게 歷史역사는 냉정하게 이어지고 휩몰아친 상처는 사람의 몫으로 남는 것이 마음이 아프다. 그런 와중에도 예술가들이 생명 같은 악기와 악보만을 품에 안고 머나먼 타국으로 와서 '나의 조국 우크라이나를 도와주세요'라는 자막을 화면 아래에 내보내며 연주한다. 전쟁의 포화에 참혹한 고국을 생각하며 아름다운 선율을 들려주는 연주자의 눈물이 가득한듯한 눈빛을 텔레비전에서 봤을 때는 가슴이 메어왔었다. 긴박한 상황의 전쟁은 두렵고 슬픈 이야기지만 당사자가 아닌 이들에게는 포기한 한계처럼 지극히 이기적인 먼 곳의 일로 스쳐 가고 있었다.

다사다난하고 불안정한 생활에 영혼을 치유하는 아름답고 훌륭한 음악은 긴 세월 전해지고 있다. 들을 수 있는 환경과 여유가 생각처럼 따라주지 못해도 환상의 리듬과 고운 음색은 가슴에 잔잔한 물비늘을 그리며, 전율에 휩싸여 현실을 잠시 잊을 수 있게 해주었다. 철로 소리 요란한 지하철 안에서 눈을 감으니 고운 선율이 되살아나 어린 날 소나기 멎은 기스락에 떨어지는 작은 빗방울 같은 조그마한 평화로움이 느껴져 왔다. 아름다운 선율 속 상상의 들길을 달리며 보이지 않는 작은 행복이 손에 쥐어진 듯하였다.

● [평설]

은혜로운 삶 속에 깃들어 있는 문학적 상상력
– 한남숙 『지붕 위의 풍경』을 중심으로 –

양 혜 경
(신라대학교 미디어문창과 교수)

1. 觀照, 그리고 성찰

글을 쓰는 작업은 참으로 위대하다. 시, 소설, 수필 그 어느 장르 하나라도 허투투 나룰 수 없다. 다시 말해 모두가 중요하다는 사실을 잊어서는 안 된다. 그 가운데 수필이 더욱 그러하다. 마음 가는 대로 적는 무형식의 글이라는 인식이 일반인들에게 널리 알려져 있다. 그래서 사람들은 단번에 쉽게 접할 수 있는 글로 단연 수필을 꼽는다. 하지만 다른 글과 달리 작가의 정신이 오롯이 담겨져 있음을 기억해야 한다.

한남숙의 『지붕 위의 풍경』을 읽다보면 글에 담긴 작가 정신을 명확하게 인지할 수 있다. 수필 속에는 작가의 정신뿐만이 아니라, 삶의 원리도 함께 담겨져 있다. 그리고 인생의 전반을 지배해 온 사상과 노력이 면면히 스며들어 있음을 느낄 수 있다. 그의 수필은 삶에 대힌 성찰의 자세를 여실하게 보여준다. 시금까지 살아온 삶의 나날들이 고스란히 응축되어 빛을 발하는 동시에 인생을 바라보는 관조석인 자세가 상세하게 드러나 있다.

구도적 인간은 속된 시간과 성스러운 시간이라는 두 종류의 시간을 체험한다. 하나는 흘러가 버리는 시간의 지속성이고 다른 하나는 성스러운 달력을 형성하는 여러 축제들 가운데서 주기적으로 회복될 수 있는 '영원성의 연속'이다. 이 달력의 의례적 시간은 닫혀진 圓環 속으로 흘러든다. 그것은 신들의 작업에 의하여 성화된, 그 해(year)의 우주적 시간이다. 그리고 신들의 거대한 작업은 세계 창조였으므로 다양한 우주 창조 축제는 많은 종교에서 중요한 역할을 한다. 신년은 창조의 최초의 날과 일치한다. 해는 우주의 시간적 확대이다. 일 년이 경과하였을 때 사람들은 '세계가 지나갔다'고 표현한다.[1]

엘리아데는 『성과 속』에서 속된 시간과 성스러운 시간을 인간이 체험한다고 했다. 그 가운데 시간의 매체는 종교적 인간의 체험에 의해 좌우되기도 한다. 인간이 체험하는 종교적인 시간은 다양한 영역을 통해 의미를 발산한다. 그리고 시간의 경과에 따라 인격의 형성과 사유의 중요한 가치를 발휘한다. 따라서 인간이 누리는 시간의 의미에 대해 면밀하게 고찰하고 느낄 수 있는 삶이야말로 성숙한 인간의 진정한 자세라 해도 과언이 아니다.

작은 꽃보다 작았던 내 마음속에 벙글다 시들어 버린 용기없던 일들, 원래 내 것이 아니었던 모든 것으로부터 점점 자유로워지려고 去者日疎거자일소 라는 사자성어를 떠올리며 많은 이들에 대한 기억을, 그렇게 잊으며 이렇게 살아가고 있듯이 자연이 인간에 대한 배려는 엄청난 것이라는 생각이 들었다. 이어져 온 낮과 밤의 궤도에 나는 무엇을 가장 사랑하였고, 원했던 것이 얼마나 필요한 무엇이었나를 생각해본다. 비릿한 속세에 찌든 때가 지워질 것 같지 않다. 자연의 빛과 소리에 마음을 조율하기도 하며 그래도 나름 용기 내어 살아온 먼 길을 떠올리며 숨소리마저 옅어지는 일몰을 바라보는 노을이 아름답기만 한 것은 아니다. 목숨 같았던 사랑, 그마저도 작은 미소였던 것을 왜 이제야 떠올리는지, 노을은 하늘을 향해 화톳불 토하듯이 미련을 잡고 있지만, 서서히 어둠은 내려오고 있다. 작은 음성은 짚은 판 빗으로 끄르르 나오는다. 반짝이는 눈망울도 내비는 손주 손녀의 고사리 같은 손을 잡으면, 다 주고 갈 수 없는 사랑으로 그 어린 작은 가슴에 슬픔을 알게 만드는 노을빛 여정의 재깍거리는 소리가 점점 크게 들려오니 잘 이겨내며 자라기를 기도하는 마음이 연민으로 조여든다.

– 「옅어지는 팥 빛 사랑」에서 –

인간이 체험하는 일상적인 일들은 다양한 의미를 지니고 있다. 위에 인용한 「옅어지는 팥 빛 사랑」에서는 신과 자연 그리고 인간의 조화로움을 드러낸다. 그 가운데 보이는 종교적인 사상관을 기반으로 한 감사와 은혜에 대해 생각해보고자 한다. 매일 무수하게 반복되는 일상이지만 그 속에서 감사함과 은혜를 인지할 수 있는 인간은 인생을 풍요롭게 하는 중요한 가치를 지니고 살아가는 것이다.

---

1) M.엘리아데/이은봉 옮김, 『성과 속』, 한길사, 2014, p.114.

지나온 삶의 궤적에서 얻는 성찰은 인간이 세상을 바라보는 시각의 전형을 마련해 주는 중요한 지침이 된다. 한남숙 작가의「옅어지는 팥 빛 사랑」에 드러나 있는 종교적 체험 또한 문학적 상상력의 원천이다. 그 뿐만 아니라 삶을 바라다보는 핵심적인 요인이기도 하다. 달관적 사유가 내재됨으로 인해 글을 쓰는 단순한 단계에 머물지 않고, 사유의 확대라는 기능까지 포괄하는 역량을 보여준다. 이처럼 인간과 자연, 나아가 우주에 대한 성찰은 인간의 정신세계를 만들어가는 중요한 요인인 동시에 인간다움을 발휘하는 기반이다. 그 가운데 '은혜로움이 내 삶에 있다는 것을, 신은 자연과 인간을 정말 사랑하고 있다는 생각'은 한남숙 작가의 문학 전반을 관통하는 중요한 원동력이다.

　생각지도 못한 친구의 얘기에 나를 돌아보았다. 나는 가끔 식탐이 앞서 감사보다 먼저 입에 넣을 때도 있지만 작은 것에도 감사한다. 하지만 식전기도에 눈 감으며 나의 기도는 정말 진실하게 하고 있었는지 너무 형식적이지 않았나, 잠시 생각해보게 하였다. 학창시절부터 지금까지 내게 작은 약속 한번 어기지 않은 친구가 국수에 기도하지 않는다는 말을 나는 믿지 않는다. 코로나 팬데믹 시기에도 이렇게 건강하게 만나 좋은 음식을 먹을 수 있음을 더욱 감사하자는 뜻으로 생각했다. 이런저런 얘기를 하다 보니 일흔이 넘어서도 모두 사회봉사 활동을 계속하고 있었다.
　　　　　　　　　　　　　　　　　　　　　　　　　－「친구」에서 －

　기도와 성찰은 인간의 심성을 회복하거나 치유하는데 단연 돋보이는 요소다. 기도가 수반된 삶은 현재를 감사할 수 있는 긍정성을 부여한다. 그 과정에서 일어나는 싱찰은 신앙이 지닌 진정한 의미를 발휘하는 결정체다.
　무엇보다 인간의 삶에 있어 기도는 중요한 역할을 지니고 있다. "식전기도에 눈 감으며 나의 기도는 정말 진실하게 하고 있었는지 너무 형식적이지 않았나, 잠시 생각해보게 하였다." 이 부분에서 은혜로움에 입각한 기도는 오늘을 사는 현대인들에게 무한한 울림을 선사한다. 음식을 먹기 전에 하는 기도과정에는 심오한 의미가 내재되어 있다. 그것이 생산되고 만들어지는 과정에 들어 있는 알 수 없는 무수한 노력과 땀에 대한 감사함이다. 오늘이라는 하루의 시간 그리고 음식은 타인의 무수한 노력과 땀에 의해 생산되고 만들어진 결과물이다. 기도를 통해 그러한 사유의 본질에 다가서고자 노력한나.
　한남숙 작가는「친구」에서 즉각적이고도 현란함을 추구하는 우리들에게 '은혜'와 '감사'라는 단어가 지닌 다양한 의미를 되새겨주게 하는 계기를 제공한다. 새소리를 들으며 자연에 안주하고 살아 갈 수 있는 일상의 소중한 가치는 측정이 불가하다.

자연 속에 깃들어 있는 청아한 새소리 그리고 그것을 들을 수 있는 밝은 귀. 작고도 소중한 이 모든 것은 신이 인간에게 부여한 값진 선물이다. 작고 소박한 가치의 참다운 의미를 발견하고자 작가는 부단하게 글쓰기 작업에 몰두한다. 사소하고 소박한 대상에 대해 감사하는 삶의 자세는 진정성의 반영이라는 측면에서 아름답다. 소박하면서도 귀중한 의미를 발산하는 은혜로운 인식을 통해 종교의 가치는 오늘을 사는 현대인들에게 절실하게 요청되는 삶의 필수요건이다.

2. 전쟁의 상흔이 남겨준 현재진행형

요즈음 수시로 "삐"하고 울리는 재난문자 가운데 북한 오물풍선 관련이 빈번하다. 아주 우리 가까이에 존재하고 있음에도 불구하고 거의 무감각으로 받아들이는 대상이 북한이다. 세계에서 유일하게 남아 있는 이데올로기의 대립 현장. 벌써 6.25전쟁 발발 74주년을 맞이했다. 전쟁이 남긴 상처는 여전히 현재진행형이다. 북한 오물풍선도 그 한 가지 예에 해당한다.

전쟁이 남긴 상흔은 다수의 사람들 가슴 속에 북한에 두고 온 가족을 그리워하는 애절한 마음으로 여기저기 남아 있다. 북한에 친지를 두고 한국에서 살아가는 사람들은 두고 온 가족에 대한 그리움이 누구보다도 절절하다. 6.25전쟁이 가져 온 한국의 비극적인 현실 상황이다. 작가의 작품에서도 전쟁을 겪으면서 체험한 유년의 기억은 지금 노년이 되어서도 작품에 또렷하게 투영되어 비극미를 재현하는 중요한 요인이다.

'월남'이라는 개념은 일반적으로 "삶의 근거를 이북에 둔 채 정치적, 사상적 혹은 기타 이유로 이북에서의 삶을 포기하고 남한으로 이주"[2]함을 뜻한다. 이와 같은 지리적 이동은 보편적인 차원에서의 고향 상실[3]을 의미하는 한편, 삼팔선이라는 지정학적 경계를 기준으로 한반도가 일종의 사상지리(ideological geography)권으로 재편된 이래, 자의든 타의든 상호 배타적인 정치체제와 이데올로기의 선택 행위로서 받아들여졌다.[4] 그런대 꼭 삶의 근거지(고향)가 이북이거나 삼팔선을 통과한 것

---

2) 서세림, 「월남작가 소설 연구: '고향'의 의미를 중심으로」, 서울대학교 대학원 박사학위논문, 2016, p.2.
3) 방민호, 「월남문학의 세 유형: 선우휘, 이호철, 최인훈의 소설을 중심으로」, 『통일과평화』 7-2, 서울대학교 통일평화연구원, pp.158-212.
4) 이혜령, 「사상지리의 형성으로서의 냉전과 검열: 해방기 염상섭의 이동과 문학을 중심으로」, 『상허학보』 34, 상허학회, 2012, p.138.

이 아니더라도, 해방 이후부터 한국전쟁에 걸친 기간 동안 넓은 의미에서 월남으로 포괄될 수 있는 다양한 이동의 양상들이 존재했다는 사실은 이와 같은 월남의 정의를 다시 생각해보게 만든다.[5)]

월남이라는 개념은 한국문학에서 중요한 자리를 차지한다. 시대적·역사적 배경에서 이 같은 요소는 한국문학이라는 거대한 틀을 형성하는데 핵심적인 근간이 된다. 한남숙 작가의 작품에서도 중요한 요소로 작용하고 있음을 알 수 있다.

제우스는 하늘을, 포세이돈은 바다를, 하데스는 지하를 관장하며 나누기 힘든 이 지상은 신들의 공유물이라고 신화 속에서 얘기한다. 신들의 공유물이 되어버린 땅을 인간이 지배하려 하니 무수한 형태의 모습들로 어지럽다. 그것은 바로 전쟁이었을까? 그래서 지켜야 하는 법과 질서가 필요했던 것인지 유월의 악몽 같은 전쟁은 역사 속으로 흐르고 고통은 가슴으로 스며들어 깊은 상처로 남았다. 함경도의 흥남 부두에서 부산의 절영도까지 이어진 나의 생명, 통일! 나는 기다릴 수 있을까? 점점 잊혀 가는 고향의 이야기들. 나는 파도에 묻는다. '내가 타고 왔던 뱃길로 다시 돌아갈 수 있는지'를 나의 목소리는 점점 신음처럼 변하고 있다. 배에 함께 타고 왔던 가족은 나를 두고 모두 고향을 그리며 떠나갔다.

- 「기억 속 바다」에서 -

전쟁으로 인해 피난의 여정을 체험한 작가는 그 속에 깃든 전쟁의 상흔을 보듬어 안고서 어루만진다. 신화 속에 내재되어 하늘과 바다 그리고 지하를 인간이 개척하면서 문제가 발생한다. 인간을 편리하게 살아 갈 수 있도록 하기 위한 수단이 결국은 커다란 피해를 발생시키는 결과를 만들었다. 자연 그대로이면 좋았을 여러 가지 형태를 인간이 변형시키면서 다수의 문제를 발생시켰다. 그 가운데 전쟁은 일어나서는 안 되는 일 가운데 하나다. 하지만 지금도 지구 곳곳에서 전쟁으로 인해 인간이 고통 받고 있다. 6.25전쟁 또한 한국인들에게 오랜 세월 동안 마음에 커다란 상처를 남겨놓았다.

「기억 속 바다」에서는 함경도에서 부산으로 피난 온 작가의 여정이 고스란히 담겨져 있다. 바다를 통해 닿은 부산이라는 낯선 곳에서 자란 작가는 이제는 고향으로 돌아가고자 하는 그리움을 바다에 묻는다. 바다가 가져다주는 유연성은 또 다시 그리움이 되어 세월 속에 묵묵히 흘러가는 나침반 역할을 한다. 이처럼 작가가 추구하는 기억 속의 그리움은 전쟁이 가져다 준 아픔인 동시에 문학을 이끌어 가는 든든한 자양분이다.

---

5) 나보령, 「염상섭 소설에 나타난 피난지 부산과 아메리카니즘」, 『인문논총』 74, 서울대학교 인문학연구원, 2017, pp.248-249.

전쟁이 가져다 준 상처는 지금도 현재진행형이다. 명절이 되면 두고 온 가족들 생각에 마음 아픈 가족들이 다수를 차지한다. 그러면서도 애석하게 세월은 흐르고 있다. 과거를 통해 현재가 지속되지만 아픔의 기억은 서서히 멀어져 가고 있다. 전쟁의 고통과 상처는 현실에서 여러 가지 어려움을 안겨주지만, 남은 가족들에게는 먼 나라의 이야기처럼 느껴지게 되었다. 세월의 무상함과 희미해져가는 전쟁의 기억이 「바람이 밀어대는 언덕길」에서도 적절히 드러나 있다.

산소를 내려가는 언덕길 고왔던 시누님은 동생들 부축을 받으며 가고 아가씨로 우리 집에 인사 왔던 동서는 세 손주의 할머니가 되었고, 남편과 서방님은 하얀 먼지 같은 백발이다. 산에서 불어오는 바람은 백발의 머리를 하늘로 끌어 올리듯 불어대고 우리의 발도 부는 바람에 안정감을 잃은 위태로운 걸음으로 내려가고 있었다. 보이지 않는 세월의 흐름으로 젊음이 떠난 모습에 아련한 하늘을 바라보니 쓸쓸하였지만, 우리가 살아온 날 속에 장성한 자식들을 생각하면 뿌듯할 것 같기도 했으나 아장아장 걸음마를 하는 어린 손주 손녀들이 먼저 떠오르며 그들의 정서 속에 좋은 기억을 남겨 줄 시간이 얼마 없을 것 같아 더 가슴이 아려오기도 했다.
아버님은 생전에 산소 자리를 정하신 후 자주 산을 둘러 보셨다. 그때는 무슨 생각을 하셨을지 지금의 내 마음이 그런 것일지 젊은 날의 웃음소리가 허공의 메아리처럼 낙엽으로 날아간다. 세월은 어느새 이렇게 흐르고 바람은 등짝을 때리듯이 불어 내려가는 발걸음이 무상한 슬픔을 느끼는 듯 휘청거렸다.
― 「바람이 밀어대는 언덕길」에서 ―

전쟁을 직접 체험한 세대들이 줄어들고 있는 것이 현실이다. 경험이란 누구에게나 중요한 사유의 근간이 된다. 아무리 책이나 주변의 이야기를 듣는다고 하더라도 직접 경험해 보지 않은 사유는 피상적인 난계에 머문다. 한국이 안고 있는 가장 안타까운 현실의 한 단면이다. 전쟁이 어떠한 상처를 남겼으며, 그 치유와 방법 모색이 절실하게 필요한 시점이다. 하지만 그 어디에서도 찾아보기 힘든 상황이다.
물질문명이 그리고 핸드폰이 난무하는 가운데 심오한 생각을 하기 싫어한다. 급격하게 달라진 한국의 현실이라 해도 과언이 아니다. 지하철이나 버스를 타면 대다수의 사람이 핸드폰에 빠져 있다. 책을 읽거나 신문을 보는 사람은 가뭄에 콩 나듯 한다. 생각이나 성찰이 인간의 인성을 단단하게 다져주는 중요한 수단이다. 이런 표현이 무색하다. 무조건 빠르고 물질적인 것으로 부를 과시하는 그러한 시대에 우리는 살고 있다. 생각을 하고 누군가의 충고나 조언을 듣고서 생활하는 것을 현대인들은 극도로 싫어한다. 안타까운 우리의 당면 현실이다. 역사를 올바르게 현재를 직시하면서 미래로 나아갈 수 있어야 하는데, 실은 정반대의 길을 가고 있다.

한남숙 작가의 「바람이 밀어대는 언덕길」에서는 우리가 지나가고 있는 세월의 아픈 흔적을 느낄 수 있다. 그의 글에서는 전쟁이 남긴 상흔이 발견된다. 남아 있는 세대들이 느끼는 아픔을 접할 수 있다. 은혜로운 삶 속에 깃들어 있는 한국인이 겪어 온 역사의 흔적. 오늘도 그 슬픔의 역사를 안고서 미래로 나아가는 중이다. 지금을 향유하는 우리들은 과거 조상들이 목숨 걸고 피와 눈물로 지켜낸 삶의 소중한 가치들을 결코 잊어서는 안 된다.

3. 제2의 고향으로 명명된 부산의 공간성

무더위를 가르는 날씨 속에 연일 폭염과 장마가 지속이다. 사람들은 더위를 피하기 위해 산과 바다를 찾는다. 부산은 전국에서도 가장 많은 피서객들이 모이는 장소다. 푸르른 바다는 현대인들에게 청량함을 선사하며 잠시나마 더위를 잊게 해준다. 부산이라는 공간이 지닌 역사적 의미는 다양하다. 근대화의 역할을 담당한 동시에 전쟁의 상흔을 딛고 일어서는 민중들에게 새로운 일상성과 제2의 고향이라는 의미를 새롭게 부여하면서 긴밀하게 연결시키는 역할을 담당한다.

1998년 아시아인 최초로 노벨경제학상을 수상한 아마르티아 센은 인간, 빈곤, 격차, 불평등에 주목했다. 그는 철학, 정치학, 사회학 등 다양한 학문 영역에서 거대한 족적을 남긴 이 시대의 지성의 반열에 든다. 대차대조표와 무역 거래, GDP에 집착하며 효용 극대화만을 추구하는 경제학에서 벗어나 인간의 '좋은 삶'을 위한 경제학으로 커다란 방향 전환을 이룬 아마르티아 센은 『세상이라는 나의 고향』에서 나음과 같이 말하고 있다.

"그리운 기억이/ 내 지난 나날들에 빛을 가져온다." 스물 여섯 살의 토머스 무어는 "고요한 밤"에 그리운 추억으로 슬픔에 잠겨 이렇게 노래했다. 그는 "어린 시절의 웃음과 눈물을," 그리고(겨울의 나뭇잎처럼) "떨어져야"했던 친구들을 떠올리고, 모두가 떠나가서 텅 빈 곳에 "홀로 남겨진" 느낌도 이야기한다. 추억을 회상하는 것은 심지어 스물 여섯의 젊은이에게도 분명히 슬픈 행위일 수 있다. 하지만 과거를 기억하는 것은 기쁜 일이기도 하며, 노년이 되어 먼 과거를 회상하는 것일 때도 그렇다. 행복했던 사건, 흥미로웠던 성찰, 고민 했던 딜레마로 우리를 다시 데려가주기 때문이다.[6]

---

[6] 아마르티아 센 저/ 김승진 역, 『세상이라는 나의 고향』, 생각의 힘, 2024, 13쪽.

'좋은 삶'을 향유하기 위해 과거를 회상하고 성찰하는 과정은 무엇보다 중요하다. 피난 시절 살았던 제2의 고향에 대한 기억은 작가의 인간적인 삶을 지속시키는 중요한 근간이다. 노년이 되어 과거를 회상하면서 고향의 참다운 의미를 되새기는 글쓰기가 한남숙의 『지붕 위의 풍경』에서는 담백하게 형상화되어 있다.

늦게 깨달은 것은 새로운 생명체를 세상에 내어 보내며 탯줄을 자르고 묶은 끈이 다름 아닌 천륜이라는 질긴 끈인 것을 새삼스럽게 생각하며 갯바위와 파도는 영원히 끊어질 수 없는 인연으로 생각되었다. 파도의 눈물이나 바위의 눈물도 다 사랑의 향연 같아 보였다. 나와 이 부산과의 인연도 고향처럼 생각하고 싶었던 깊은 애정을 두고 갔기에 영원히 지우지 못하는 이름인 것을 왜 생각하지 못하였는지, 깊고 넓은 바다의 짙은 물 속 같이, 한 치 같은 가슴 속에도 스스로 형언 할 수 없을 정도의 울림이 되고 있다. 이 부산과 나는 갯바위와 파도 같이 영원히 철썩대며, 쏴-하고 일어나는 아련한 아픔 같은 그리움의 하얀 포말이 망울 망울을 고향의 꿈처럼 나의 가슴에 안고 있다. 언제나 어머니처럼 갯바위로 기다려주는 부산! 나는 겹겹이 주름진 파도가 되어 때때로 그리움을 쏟으며 안기고 싶은 곳이다.

- 「내 마음 파도가 되어」에서 -

데리다는 어떤 텍스트가 의식적으로 의도하는 부분과 실제로 텍스트를 통해서, 혹은 글쓰기의 작용에 의거해서 실천된 부분 사이의 불일치 · 긴장 · 모순의 관계를 추적하고 들추어냄으로써 작가 스스로가 단일하고 매끈한 의미의 표면이라고 믿는 텍스트를 균열시키고 파편화시키며 그럼으로써 그 텍스트 속에 다양한 의미들을 흩뿌린다.[7] 이처럼 한남숙 작가의 글 속에는 다양한 의미를 지닌 부산의 공간성이 자세히 드러나 있다.

제2의 고향이라 여기는 부산은 작가를 늘 기다려주는 모성애의 포용성이 내재된 공간이다. 나이가 들어 타향에 살면서도 마음 속에는 부산이 지닌 애잔한 그리움이 존재한다. 「내 마음 파도가 되어」에서는 그러한 작가의 인식이 상세하게 드러나 있다. 고향은 작가에게 있어 어떠한 의미에서든지 간에 중요한 문학 작품 생산의 출발점이다. 가끔 찾게 되는 부산에서 작가는 제2의 고향을 느끼면서 글쓰기에 전력하고 있음을 보여준다.

현대인들에게 고향이라는 의미는 점차 퇴색해져 가고 있다. 도시에서 나고 자란 사람들인 경우 더욱더 그러하다. 하지만 작가에게 있어 부산은 고향처럼 생각하고 싶은 깊은 애정을 감추어 둔 공간이다. 부산의 공간성은 이처럼 깊고 넓은 바다의 짙은 물 속 같이, 한 치 같은 가슴 속에도 스스로 형언 할 수 없을 정도의 울림이 되

---

7) 쟈끄 데리다/박성창 편역, 『입장들』, 솔, 1993, pp.11-12.

어 작품에 형상화되고 있다.

　청운의 많은 꿈이 아직도 부산 하늘에 맴돌고 있는 듯 구릉지에서 부는 바람이 얼굴을 스치며 머리카락을 휘젓는다. 애틋한 나의 피 나눔들이 사는 곳을 찾으며 상념에 젖을 때, "저기가 너의 고향이다."라며 친구가 가리켰다. 바다로 둘러싸여 큰 다리로 이어진 절영도, 실향민인 내게 고향을 만들어 주는 내 친구, 말할 수 없이 그리웠던 단어, 가슴이 찡하며 눈앞이 흐려졌다. 너무나 변하여 낯설어진 모습의 도시, 그래도 절영도의 하늘 위에는 아버지 어머니가 우리를 부르던 모습과 목소리가 들리고 있었다. 울컥해진 마음, 친구들의 고향 속에는 나도 있었던 것을 몰랐다. 친구는 내 마음 속에 고향을 잃고 울고 있던 돌 지난 나를 세상 밖으로 불러 내주었다. 시간은 쉬지 않고 째깍거리며 노래를 하고 고향을 뒤로하고 배를 타고 어머니 품에 안겨 남으로 온 돌쟁이는 너무 기쁜지, 슬픈지 울어 버리고 싶었다. 시간의 노래를 들으며 세월이 가는 것은 보지 못했던 친구들과 즐거운 만남 세상 밖으로 나온 돌쟁이, 그들의 고향 속에 함께 뒹굴며 감격한다.

- 「시간의 노래」에서 -

　「시간의 노래」에서는 실향민이 느끼는 고향을 향한 그리움이 절절하다. 부산에서 유년 시절을 보낸 작가는 오랜 세월 타지에 살면서도 잊힌 시간의 노래처럼 부산을 그리워한다. 누구에게나 고향은 삶의 근원이다. 태어나자말자 전쟁으로 인해 아주 어릴 적 부산으로 왔다. 그리고 유년의 시절을 보낸 부산이 작가의 제2의 고향이다. 고향은 글쓰기의 근간이 될 뿐만 아니라, 삶의 이끌어가는 중요한 원동력이다.
　타향에 살면서도 고향에서 만난 친구 그리고 바다, 울음, 바람 등은 작가의 글의 원천이자 소재가 되기에 충분하다. 현대인들의 마음에 자리한 고향은 서서히 잊혀져가는 진부한 소재같다. 하지만 글을 쓰는 작가에게 있어 고향은 문학사상의 중요한 근간이 된다. 유년에 체험한 경험은 평생을 지배한다. 어릴 적보고 들으면서 느꼈던 동심은 누구에게나 인식의 내면에 잠재해 있는 무한한 상상력의 근원이다. 한남숙 작가에게 부산은 바다와 어우러져 친구를 만날 수 있고 어릴 적 시간을 되살려내는 문학의 중요한 원천이다.
　부산은 근대화 과정에서 성장한 도시다. 바다라는 개방성이 주는 인식으로 인해 많은 사람들이 머물다가 떠나고 다시 돌아오는 회귀의 본성을 드러내기도 한다. 이처럼 개방성이 주는 무한한 포용력은 문학을 구성하는 중요한 요인이다. 쉽게 바다를 접할 수 있는 부산의 공간성은 지금도 많은 글들을 탄생시키는 배경이 되고 있다.
　부산을 찾는 관광객들이 가장 많이 다녀가는 곳으로 해운대를 들 수 있다. 넓은 백사장과 푸른 바다 그리고 이제는 마천루가 즐비하다. 급격하게 바뀌어버린 공간이지만 옛 것은 여기저기에 남아 있다. 그 가운데 동백섬과 해운대를 찾은 최치원 선생의 흔적을 쉽게 접할 수 있다. 신라시대 유명한 문장가이지 학자인 최치원은 해운대를 찾아 이름을 지었다. 동백섬에는 동백공원이 있고, 공원 내에는 신라 말기의 유학자 최치원(崔致遠)의 동상과 시비(詩碑)가 있으며, 동쪽의 해벽(海壁)에는 최치원이 '해운대'라고 새긴 바위가 있다.

해운대해수욕장에 위치한 동백섬은 1999년 3월 9일 부산광역시 기념물로 지정되었다. 해운대해수욕장 서쪽에 있으며, 형태가 다리미를 닮았다 하여 '다리미섬'이라고도 한다. 예전에는 독립된 섬이었으나 오랜 세월에 걸친 퇴적작용으로 현재는 육지화된 섬으로, 해운대해수욕장의 백사장과 연결되어 있다. 옛날에는 동백나무가 많았으나, 현재는 소나무가 울창하다.[8] 이 같은 역사를 지니고 있는 공간인 동백섬을 소재로 하여 한남숙 작가의 작품에서도 문학적인 상상력이 적절하게 발휘되고 있다.

시원한 파도 소리를 들으며 동백섬 꽃길에 앉아 못 만난 사이의 일들을 얘기하다 모래알처럼 무수한 사람들 중에 이런 좋은 친구들과의 인연에 나는 잘 살고 있다는 생각에 가슴이 뭉클했다. 친구들의 미소 속에는 인생무상이나 허리 아픔과 늙음은 간 곳이 없다. 다닐 수 있을 때 정다운 친구들과 더 자주 보기로 하고 아쉬움을 남긴 채 기울어지는 해를 보며 친구들 배웅 속에 서울로 돌아왔다. 인성이 바르고 정 많던 친구들의 뒷모습이 젊은 날 같지는 않아도 마음이 풍요롭고 푸근해 보였다.

-「친구」에서 -

사람과의 만남에는 인연이라는 요인이 중요하게 작용한다. 그 가운데 친족이 아닌 친구. 지중한 인연이다. 어떠한 만남에서건 친구로 오래도록 민날 수 있다는 것은 감사할 일이다. 가족이나 친지가 아닌 타인과 오랜 시간 추억을 함께 공유하며 살아갈 수 있다는 사실은 참으로 축복받은 일이다. 친구와의 만남은 타인에 대한 넓은 이해를 바탕으로 한다. 인간이 살아가면서 수많은 사람과 만나고 헤어지지만, 그 가운데 친구는 무엇보다 삶을 지탱해주는 중요한 요소다.

한남숙의「친구」에서는 완숙한 성찰의 자세를 유지하면서, 고향이 지니고 있는 기억을 미적으로 표현하는데 주력하고 있다. 그리운 기억들을 소환해서 유려한 문장으로 녹여낸 기교가 돋보인다. 미적 아름다움은 그의 문학 세계를 구성하는 중요한 요인이다. 문장으로 녹여낸 올곧은 문학적 사상은 고향을 소재로 하여 오늘을 형성하는 문학적 토대의 주축이 되고 있다. 푸른 바다와 자연이 만들어낸 유년의 고향인 부산에 대한 기억은 세월의 노래 속에 올올이 녹아 오늘을 완성했다. 살아

---

8) [네이버 지식백과] 해운대 동백섬 [海雲臺 冬栢島] (두산백과 두피디아, 두산백과)

온 날들은 추억이라는 이름을 안고서 축적되어져 현재를 만들고 미래로 나아가는 계기를 제공한다.

　인간은 모두 시간의 순환 속에 아픔과 기쁨을 공유하며 살아간다. 한남숙 작가의 『지붕 위의 풍경』에서는 현실의 어려움을 굳건하게 안고 살아가는 사람들의 강한 체취가 느껴진다. 삶을 경건하게 만드는 것 가운데 하나로 종교를 들 수 있다. 은혜와 감사 그리고 기도로 점철된 작가 정신이 글 속에서 또 한 번 빛을 발한다. 현대인들이 가지는 가벼운 삶의 일상 속에서 한 번 더 묵직하게 과거를 되돌아 볼 수 있게 하는 성찰의 기회를 제공하는 글들이다.

지붕 위의 풍경

  초판인쇄 2024년 09월 24일
  초판발행 2024년 10월 01일

지 은 이 한 남 숙
발 행 처 문예운동사
발 행 인 김 귀 희
등 록 2007년 11월 21일 제2007-000052호
주 소 서울시 서대문구 서소문로27 (충정리시온) 423호
전 화 (02) 312-5817
전 송 (02) 363-5816
이 메 일 skj907@hanmail.net / skj908@hanmail.net
홈페이지 http://cafe.daum.net/munyaeundong

  책 값은 뒷표지에 있습니다.
  저자와의 협약에 의해 인지는 생략합니다.

  ISBN 978-89-5879-375-5
  이 도서의 국립중앙도서관 출판예정 도서목록(CIP)은 서지정보 유통
  지원시스템홈페이지(https://seoji.nl.go.kr)와 국가자료 공동목록시
  스템(https://www.nl.go.kr/kolisnet)에서 이용하실 수 있습니다.